라이나전성기재단은

헬스서비스기업 라이나생명의 사회 공헌 재단으로
건강하고 활력 넘치는 인생 2막을 위한
건강, 여가·문화, 사회 참여 등 다양한 영역에서
시니어의 삶을 지원하고 있습니다.
라이나전성기재단에서 발행하는 <전성기> 매거진과
<전성기 웰에이징 시리즈>는 '시니어 문화 활성화'를
위해 주요 목적사업에 활용되어
우리 사회에 건강한 영향력을 전하고 있습니다.

전성기 웰에이징 시리즈는 이런 책입니다

'어떻게 나이 들 것인가'에 대한 질문과 인생 선배들의 답변
'잘 나이 드는 것'이 우리의 공통 관심사가 되었습니다. 이에 라이나전성기재단은 지난 2014년 5월부터 2021년 4월까지 발행된 중년의 2라운드 인생 안내서 <전성기> 매거진에서 건강하고 의미 있는 나이 듦의 가치를 실현한 인생 선배들의 이야기를 재가공해 '웰에이징 시리즈'를 만들었습니다. '어떻게 하면 잘 나이 들 수 있을까?'에 대한 질문에 8년간 만난 1100여 명의 인생 선배들이 그 답을 드립니다.

전성기 활동가와 함께 만드는 책
50+세대의 배움 공간인 '전성기캠퍼스'가 재능과 경험을 교류하는 '전성기 활동가'를 필두로 함께 배우고 나누는 프로그램을 시작합니다. 전성기 활동가들은 강좌 뿐 아니라 소모임을 이끌고, 사회 공헌 활동에도 참여하고 있습니다. 이 책이 '사회에 도움이 되는 어른'이 되고자 하는 이들에게 삶의 지침서가 되고, 봉사하는 삶을 통해 모범을 보여주신 분들에게 전달된다는 목적에 뜻을 같이하는 전성기 활동가도 다양한 재능으로 책의 제작에 함께했습니다.

읽는 책에서 보는 책으로
시력 저하와 노화로 인해 읽는 것보다 보고, 듣는 것이 더 편해진 세대를 위해 인터뷰 일부를 동영상으로 제작했습니다. 이제 유튜브 '전성기TV'에서 인생선배들의 이야기를 보고 들으세요.

이 책의 표지는 고지 배합율 20% 이상 함유된 환경친화적 인쇄용지로 제작했으며, 내지는 용지 두께에 비해 무게가 가벼워 손목에 무리가 가지 않는 특수 백상지를 사용했습니다.

재생지

무염소 표백 펄프 ECF

WELL AGING SERIES
_QUESTIONS OF AGING

걷다 보면 삶이 달라질까?

여는 글

어떻게 살 것인가?
걷다 보면 답을 찾을 수 있을까?

그야말로 '걷기'가 대세입니다. 많은 이들이 스마트폰 만보기를 통해 하루에 얼마나 걸었는지 체크하고, 누군가 만나면 "한 정거장 전에 내려서 걸어왔다" "오늘 몇 걸음을 걸었다"라며 걸음 수를 화제로 삼습니다. 걸음 수를 적립해 물건을 사거나 기부도 할 수 있는 세상이지요. 이런 라이프스타일을 반영해 서점에는 걷기 효과를 보여주거나, 북한산둘레길부터 바다 건너 산티아고·파타고니아 등 걷기 명소를 소개하거나, 자신의 걷기 경험을 기록한 책이 넘쳐납니다. 배우들의 하루 10만 보 기록이 SNS에서 화제가 되고, 한 공공 기관에서는 전 국민을 대상으로 '10억 보 걷기 챌린지'를 실시하기도 합니다.

왜 다들 이렇게 걷기에 열심일까요? 그런데 사실 알고 보면 걷기는 어제오늘의 이슈가 아닙니다. 인간은 태생적으로 직립보행을 해야만 살아갈 수 있는 존재이기 때문에 걷는 것은 이동 수단을 넘어 그 자체로 생존이자, 인간을 가장 인간답게 만들어주는 행위입니다. 그렇다 보니 코로나19로 인한 거리 두기로 고독감과 외로움을 느끼는 사람이 많은 요즘같은 시기에 자신도 모르게 걷는 행위에 더 이끌리게 되는 것이지요. 프랑스 사상가 장 자크 루소도 자신의 생애를 기록한 〈고백록〉에서 "그 정도로 사색하고, 그 정도로 존재하고, 그 정도로 경험하고, 그 정도로 나다워지는 때는 두 발로 걸어서 여행할 때밖에 없었던 것 같다. (중략) 몸이 움직여야 마음도 움직인다"라며 걷기가 단순히 움직이는 것에 그치지 않고 생각을 나아가게 하고 자신을 찾는 행위라고 고백했습니다. 걷기가 신체적 건강만을 위하기보다 창작의 원동력이 되고, 정신적 힐링을 선사하며, 불안감을 치유하고, 삶의 균형을 잃은 사람들을 위로하는 셈이지요. 인생 2라운드를 위한 온라인 플랫폼 <전성기>에서 '당신에게 걷기란 어떤 의미인가?'라고 묻는 설문 조사에서도 걷기는 화병 치료제요, 건강 도우미이고, 복잡한 마음을 정리하고 다독이는 친구 같다며 많은 이들이 걷기를 심신을 치유하고 자신을 찾아가는 행위로 여기고 있었습니다. 그래서 이번 <전성기:웰에이징 시리즈>에서는 걷기가 삶을 어떻게 바꿔주는지, 걷기를 통해 얻을 수 있는 것은 무엇인지 알아보고자 걷기에 열심인 인생 선배들을 만났습니다. 몸과 마음을 괴롭히던 만성적인 질병에서 벗어나고자 환자와 본인에게 걷기를 처방한 의사, 우리가 사는 세상을 제대로 알기 위해 일단 걸으라고 말하는 사회학자, 그리고 세상에 걸을 길이 이토록 많다며 가슴 뛰는 풍경 속으로 안내하는 여행자들과 은퇴 후 특별할 것 없던 일상이 그저 걷기만 했을 뿐인데 달라졌다고 말하는 동년배들에게 '왜 걷고 있는지' '걸으면 무엇이 달라지는지' 물었고, 그들이 들려준 답을 책에 담았습니다. 살면서 맞닥뜨린 다양한 문제를 걷기로 해결했다고 말하는 인생 선배들의 이야기가 지금 걸음을 멈췄거나, 미뤘거나, 주저하고 있는 당신을 한 발짝 더 내딛게 할 것입니다. 우리, 길 위에서 만날까요?

CONTENTS

INTRO

004   어떻게 살아야 할까? 걷다 보면 답을 찾을 수 있을까?
008   걷기는 수고한 나에게 주는 최고의 보상 (사)제주올레 이사장 서명숙

PART 1 길 위에서 만난 사람들

022   걷는 재미를 익히세요, 더 나이 들기 전에 강동경희대병원 김종우 교수
030   걸어서 고향까지 300km, 나를 찾아가는 길 북 스테이 '모티프원' 공동대표 강민지
038   느리게 걷다 보면 길에서 나를 만난다 문화사회학자 신정일
046   은퇴 후 걷기로 다시 찾은 자신감 KBS 전 아나운서 유애리
050   어머니 날 낳으시고, 걷기는 날 만들었네 배우 최완정
054   바르게 걷기가 가져온 인생의 변화 시니어 모델 김선자·김설·박찬숙·함혜경

PART 2 왜 걷느냐고 물으신다면

062   나에게 걷기란

PART 3 걷기의 로망, 길 위의 버킷리스트

078   최후의 샹그릴라 동티베트 야딩 풍경구
080   유럽 3개국을 걷는 길 투르뒤몽블랑
082   마방의 땀과 눈물이 깃든 차마고도 윈난성 호도협 트레킹
084   정이 넘치는 힐링트레일 아일랜드 위클로웨이

086	파타고니아의 비경 **토레스델파이네**
088	폭풍의 언덕을 지나 북해까지 **영국횡단 CTC**
090	마추픽추로 가는 옛길 **페루 잉카 트레일**
092	남미의 비경을 걷다 **피츠로이와 세로토레**
094	세계최초의 유네스코 복합유산 **뉴질랜드 통가리로 트레킹**
096	지중해의 숨은 보석 길 **친퀘테레 트레일**

PART 4 길 위에서 다시 시작된 길

100	뚜벅뚜벅 발길 닿는대로 걷다가 발견한 꿈 **여행작가 이영철**
104	걸어보니 더 아름다운 우리 길 우리 인생 **법무사 이종호**
108	길 위에서 얻은 삶의 에너지 **도보여행가 송영록**
112	길의 발견 인생의 발견 **아름다운길연구가 김성주**
116	걷다 보면 누구나 길벗 다음카페 **우리길고운걸음 운영자 최석명**
122	배움의 걷기를 원한다면 **길위의 인문학**
126	걷기에 직업을 더한 사람들 **도보해설사로 걷고 살기**

PART 5 서울 골목길 걷기

134	게으르고 느긋하게 걷고 싶다면 **종로구 북촌길**
136	좁고 후미진 골목이 주는 위안 **용산구 후암동**
137	서울의 역사와 품격 속으로 **중구 정동길**
138	계절의 풍요로움을 만끽하고 싶다면 **남산 둘레길**
140	메마른 감성을 문화로 채우고 싶다면 **용산구 한남동**
141	하루쯤 예술적으로 걷고 싶다면 **통의동 서촌길**
142	옛 서울을 산책하고 싶다면 **청파동 서울로7017**

걷기는 수고한 나에게 주는
최고의 보상

(사)제주올레 이사장 서명숙

(사)제주올레의 서명숙 이사장은 한국 중년들에게 타박타박 걷는 즐거움을 알게 해준 사람이다. 제주도 사투리로 '집으로 돌아가는 길'을 뜻하는 '올레'. 제주에 올레 길을 내고 걸어온 10여 년 간, 걷기가 그녀에게 알려준 즐거움과 치유 그리고 나눔에 대한 기적 같은 이야기.

제주올레는 이제 걷기 문화의 대명사로 불립니다. 길을 직접 만들 정도로 걷기를 사랑하게 된 이유가 궁금합니다. 저는 너무 아파서 살기 위해 걸었습니다. <시사저널> 편집장이었던 마흔일곱 살 때 육체적, 정신적으로 너무나 많은 압박이 있었죠. 요즘 말로 완전히 '번아웃'이 된 상태로 병원에 찾아가 머리부터 발끝까지 종합검진을 받았어요. 일주일 뒤 결과를 보러 갔더니, 저는 죽을 것처럼 아픈데 아무 병이 없다는 거예요. 그 결과가 오히려 절망적이었죠. 아무것도 고칠 수 없고, 그냥 이대로 살라는 뜻이니까요. 그때 의사 선생님이 예방적 차원의 처방을 해주셨어요. '스트레스받지 말고 과로하지 말고 유산소운동 한 가지를 일주일에 5회씩 하라'고요. 그때부터 살기 위해 운동이란 걸 처음 시작했습니다.

그 운동이 걷기였나요? 아니요. 처음에는 일단 학원에서 배우는 운동을 다 해봤어요. 헬스, 에어로빅, 요가, 재즈댄스, 명상 그리고 수영까지요. 하지만 시작 후 서너 번 하고 곧 포기했어요. 제가 초등학교 때부터 체육 시간을 제일 싫어했거든요. 어떤 운동도 적응이 안 되고 재미가 없더라고요. 그래서 최후의 수단으로 택한 게 바로 걷기였습니다. 걷기를 시작한 첫날, 그저 살기 위해서 억지로 15분을 걸었어요. 그런데 다음 날 그리고 다다음 날 계속 해보니 점점 재미가 생기더라고요. 어느덧 몸도 가벼워지고 머리도 맑아지고 행복해지고…. 그러면서 걷기라는 세계에 중독되어 그 즐거움에 빠져들었습니다.

구체적으로 어떤 점이 가장 즐거웠나요? 저는 엄청난 고민과 잡다한 생각, 스트레스에 짓눌려 사는 직장인이었어요. 많은 고민으로 가득 차 몸도 머리도 항상 무거웠는데, 걷다 보면 저도 모르게 걱정이 사라져요. 직접적인 해결책이 되는 건 아니지만 걷는 순간만이라도 머리가 비워지고 정신이 맑아지니까 그 전까지 전혀 떠오르지 않던 아이디어가 문득 생기더군요. 걷기를 하면서 비웠다가 다시 채워지는 경험을 하게 된 거죠. 육체적으로도 몸이 좋아졌을 뿐만 아니라 정신적으로도 힐링이 되고, 새롭고 창의적인 생각도 하게 되었어요. 결국 걷기가 제 모든 걸 해결해 준 셈이죠.

사실 바쁜 직장인들이 걷는 시간을 내기가 쉽지 않습니다. 걸어야 하는 이유는 분명합니다. 제대로 살기 위해서지요. 건강의 모든 문제가 불필요한 지방층에서 발생하는데, 걷다 보면 지방은 점점 사라지고 그 자리에 근육이 생깁니다. 몸만 그런 게 아니고 정신적인 지방도 떨어져 나가요. 쓸데없는 걱정이나 근심, 남과 비교하는 마음, 초조함, 타인에 대한 질투 이런 것들이 모두 정신적 지방 덩어리지요. 걷다 보면 그런 것들을 저절로 내려놓게 되고 대신 정신적으로 탄탄한 근육이 생겨요. 정신적 근육이란 스스로 인정하는 것, 자기 존중감, 주어진 상황에 만족하는 것, 감사함 등이지요.

올레 길을 찾는 연령대도 그렇고, 특히 50·60대 중장년들이 걷기에 열심입니다. 젊었을 때는 사회생활을 하니까 활동량이 많지만, 50대가 넘어가면 자연스레 움직임이 줄어들죠. 동맥경화에 혈전, 비만, 당뇨 등 여러 문제가 생기는 나이에 스스로 움직이지 않으면 건강을 장담할 수가 없습니다. 저희 언니는 당뇨 수치가 심각하게 높았는데, 동생이 올레 길을 만든다고 하니까 마지못해 따라와서 같이 걷게 되었어요. 14년이 지난 지금, 당뇨 수치가 낮아졌고 굉장히 잘 관리되고 있습니다. 이게 다 걷기의 힘이지요. 여러 질병을 예방하는 차원에서 걷기는 아주 중요합니다. 걷기는 내 두 발이 의사가 되고 간호사가 되고 수술대가 되어서 스스로를 치유하는 행위라고 생각합니다. 길은 아름다운 자연을 감상할 수 있는 종합병원이고요. 동네 병원도 있고 작은 개인 병원도 있는 것처럼, 걷기 위해 무조건 제주올레를 찾아올 필요는 없습니다. 학교 운동장이든, 공원이든, 조그만 쉼터든 자기 동네 길부터 걸으세요. 집 근처 병원부터 가듯이 말이죠. 행복한 야외 병원에서 자신의 두 발로 스스로 치유하는 행위를 꼭 시작하라고 권합니다. 그러다 명의가 필요해지면 제주올레라는 비교적 큰 종합병원을 찾아오시면 되고요.

전화 드릴 때마다 항상 걷고 계셔서 놀랐습니다. 걷는 걸 즐기는 사람이니까요. 걷기를 처음 시작할 때 겨우 15분을 걸었던 사람이지만, 산티아고 순례길에서는 하루에 11~12시간도 걸어봤거든요. 이제는 적어도 3~4시간은 걸어야 '걸었다'는 느낌이 듭니다. 1시간 정도 걸으면 마치 밥을 먹다 만 것 같아요.

지금 제주에 살고 계신데, 어떤 코스를 주로 걸으세요? 저는 제주도의 남쪽 끝, 서귀포에 살고 있어요. 프랑스로 치면 프로방스 같은 곳이죠. 제가 중학교 때까지 살았던 고향에 50년 만에 정착하니 너무 행복합니다. 그동안 제가 '동(銅)수저'쯤 되지 않을까 생각했는데 알고보니 다이아몬드 수저, 아니 다이아몬드 광산을 갖고 있는 사람이었어요. 이렇게 변함없이 아름다운 자연을 지닌 고향이 있으니까요. 초등학교 때 늘 소풍 다니던 외돌개를 매일 걸으며 살다니… 이 모든 게 50대 이후에 벌어진 일들이에요.

요즘 새롭게 걷기 시작한 길도 있나요? 저희가 낸 올레 길은 해안을 따라 걷는 425km 26개 구간이지만 제주에는 새로운 길이 많습니다. 사실 작년에 저에게 큰 일이 있었어요. 제주올레 시작부터 지금까지 줄곧 함께했던 남동생(고 서동철 님, 제주올레 1기 탐사대장)이 작년 1월에 세상을 떠났습니다. 그 슬픔 때문에 한두 달 굉장히 힘들었어요. 3월에 다시 길을 나섰는데 너무 슬퍼서 못 걷겠더군요. 어느 길에나 함께 길을 개척했던 동생과의 추억이 서려 있었거든요. 저 나무 뒤에서 나올 것 같고, 저 바닷가 앞에서 손을 흔들고 있을 것 같은 생각이 자꾸 들어서 가장 평화롭고 행복했던 올레 길이 저에게 가장 슬픈 길이 되어버렸습니다. 남동생과의 추억이 옅어지기 전까지는 올레 길로 나갈 수 없겠다 싶어 제주 중산간에 있는 한라산둘레길로 들어갔습니다. 저는 원래 달리기도 못하고 높은 곳에 오르지도 못해서 주로 해안을 따라 평지를 걸어왔는데, 산 중턱의 둘레길을 가보니 호젓하기도 하고 또 다른 재미가 있더라고요. 세상을 먼저 떠난 동생 덕분에 제주의 새로운 길을 찾게 된 거죠. 아마 동생이 제게 마지막 선물로 주고 간 게 아닌가 싶습니다. 한라산둘레길을 걸으며 다른 경험도 해보라고요.

길에서 느낀 슬픔을 또 다른 길에서 극복하셨군요. 사람이 365일 즐거운 순간만 있는 건 아니잖아요. 누군가를 잃는 슬픔조차 녹이고 삭일 수 있는 게 걷기인 것 같아요. 그렇게 걷노라니 동생을 잃은 슬픔도 절로 산길에 내려놓아지고 옅어지기 시작했어요. 제 근육도 강해지기 시작하고, 슬픔의 구덩이에서 비로소 벗어날 수 있었던 것 같습니다. 걷기는 기쁜 순간을 더 기쁘게 하고 슬픈 순간마저 잠시 벗어나게 하는 그런 힘이 있더라고요.

이사장님이 즐기는 걷기 방법이 따로 있나요? 저는 천천히 걷는 편입니다. 특히 제주올레는 천천히 걸어야 하는 길이죠. 하늘, 구름, 바다, 꽃, 나무, 나비 등 제주올레 길에는 눈에 담아야 할 풍경이 너무 많으니까요. 앞으로 전진만 하면서, 오직 건강을 위해서 행군하던 분이라면 제주에서는 제발 '간세다리'로 걸으시라 말합니다. '간세다리'는 제주도 방언으로 '게으름뱅이'라는 뜻이거든요. 천천히 걸으며 위도 올려다보고, 아래도 내려다보고, 뒤도 돌아보면서 천천히 걸으면 좋겠습니다. 저도 스퍼트를 내서 걷고 싶은 날이 있어요. 머리가 복잡하거나 무거울 때는 팍 치고 나가면서 빨리 걷는 게 좋죠. 그날 걷는 목적과 마음가짐, 동행 여부에 따라 걷는 방식과 속도가 달라집니다만 그 어떤 경우라도 즐기는 마음은 한결같습니다. 많은 사람이 걷기를 수단으로 여기고 있는데, 저는 걷는 과정 자체가 목적입니다. 걷는 동안 보이는 풍경, 머릿속에 떠오르는 생각, 그 과정에서 느끼는 행복감 이 모든 것이 걷기의 목적이라 생각하거든요. 걷고 있는 그 순간 마음이 너무나 충만합니다. 걷기는 정신적으로, 육체적으로 완벽한 활동이에요.

걷기를 통해 인생의 극적인 변화를 만들어내셨는데, 보통 사람들도 가능할까요? 올레 길에 오시는 분들이 한결같이 "걷기를 하고 삶이 많이 달라졌다"는 말씀을 많이 하십니다. 특히 기억나는 분은, 암을 두번 진단받고 올레 길을 혼자 걸으신 분입니다. 마지막 항암 치료를 마친 후 정말 좋아하는 제주도에서 1년만 살아보고 싶다는 생각으로 내려오셨대요. 어차피 인생이 얼마 안 남았으니 죽기 아니면 까무러치기로 올레 길을 걷기 시작했는데, 지금 6년째 걷고 계십니다. 올레 길을 마흔여덟 번째 완주 중이에요. 처음에는 바닥난 체력으로 겨우 걸었는데, 지금은 72세임에도 60대 초반처럼 보이고 저보다 훨씬 잘 걸으십니다. 걷다 보니 점점 체력도 좋아지고 정신적인 두려움에서도 벗어나게 되었다고 해요. 내일 걸을 길을 생각하며 잠들고, 아침에 눈뜨면 어떤 풍경이 기다릴까 설렌다고 말씀하십니다.

걷기로 인생이 변하는 경험을 하다니, 신기하네요. 걷기로 체력과 정신력이 강화되면 삶을 적극적으로 살게 되고 폭넓게 바라볼 수 있습니다. 인생 계획을 새롭게 짜거나 무언가에 도전하거나, 혹은 라이나전성기재단에서 진행하는 '굿워크 캠페인'과 같은 나눔으로 확대되기도 하지요. 올레 길을 걷다 보면 아름다운 자연에 쓰레기가 버려진 광경이 너무 안타까웠어요. 그런데 요즘 보니 쓰레기를 주우면서 걷는 '플로깅(Plogging)' 하는 분들이 많이 생겨났어요. 또 자원봉사로 올레 길에 달려 있는 리본 표식을 정비하는 활동을 하시는 분도 있습니다. 이 모든 게 스스로 행복해지니까 가능한 겁니다. 행복한 마음이 있기에 행복을 나누게 되고 좋은 일을 하고 싶은 마음이 자꾸 생기는 것, 그게 바로 걷기를 통해 전파되는 선한 영향력인 것 같아요.

코로나19 이후 제주올레 길을 걷는 분이 많이 늘어났다면서요? 2020년 제주올레 완주자 통계를 내보니 그 전 해보다 64%나 늘어났어요. 20·30대는 104% 증가해 두 배 넘게 늘었습니다. 해외여행이 어려워진 점도 있고, 실내 활동에 제약이 있다 보니 제주올레를 많이 찾았던 것 같아요. 2021년 상반기 통계만 봐도 작년보다 또 늘었더라고요.

제주올레를 자주 찾는 유명인도 꽤 많죠? 배우 류승룡 씨는 걷기 마니아입니다. 촬영이 없을 때면 늘 올레 길을 걸어요. 배우 문소리 씨나 고두심 선생님, 가수 양희은 선생님도 자주 오십니다. 워낙 바쁜 스케줄에 시달리고 스트레스가 많은 직업이다 보니 더 절실하게 자연을 찾는 게 아닐까 싶어요. 잠시라도 틈이 나면 자연으로 돌아가 자신을 비워내고 걸으면서 스스로 돌아보는 시간을 갖는 것이죠.

제주올레 블로그에 '서명숙의 로드 다큐멘터리'라는 칼럼이 있더군요. 제주올레에서 만난 사람들의 이야기가 담겨있던데, 기억에 남는 분이 있다면요? 기자 출신이라 사람들에게 자꾸 말 시키는 직업병이 있다 보니 정말 많은 분의 사연을 알게 됐어요. 그중에서도 가장 인상적인 분은 올해 91세인 부산 사는 장예숙 님입니다. 10년 전인 81세 때 아드님과 함께 제주에 오셨는데, 그때 택시 기사가 올레 길을 한번 걸어보라고 권하셨대요. 올레 길을 처음 걸었을 때는 "여든 살도 넘은 내가 무슨 완주냐" 하셨는데 결국 26코스를 다 걸으셨어요. 91세인 지금은 세 번째 완주 중인데, 심지어 완주하는 데 걸리는 시간이 점점 짧아지고 있어요. 무엇이든 시작하기에 너무 늦은 나이란 없다는 겁니다.

아직 걷기를 시작하지 못하고 있는 사람들에게 용기를 주는 듯 싶습니다. 제 나이 50세에 산티아고를 갔거든요. 3년 동안 마음속으로 꿈만 꿨는데 더 이상 미룰 수가 없었어요. 당시 <오마이뉴스> 편집국장이었는데, '이만하면 됐다, 23년 기자 생활과 30년 서울 생활을 여기서 끝내자'고 결심했어요. 일단 산티아고를 걸은 다음에 이후 뭘 할지 생각하려고요. 결국 그 길 위에서 제가 떠나온 제주도를 떠올렸고, 제주도에도 이런 길을 내야겠다 생각했지요. 나이 오십이 넘어가는 시기가 그럴 때인것 같아요. 한계에 부딪혔다는 생각이 들거나, 최선을 다해 살다 보니 좀 지쳤거나, 혹은 지금까지 살아온 것에 대해 회의감이 들거나, 아니면 스스로에게 상을 주고 싶거나…. 50년쯤 살아오신 분들은 나라에서 표창장을 주지 않더라도 열심히 살아온 걸 스스로 알잖아요. 저에겐 오십에 떠난 산티아고 여행이 제 자신에게 주는 훈장이자 인생의 연금이라고 생각했어요. 여러분도 제주올레 완주를 자신에게 선물하는 인생의 상처럼 주면 어떨까요? 사서 고생인 것 같지만, 사실 스스로에게 보상해주는 가장 행복한 행위거든요. 열심히 살아온 당신, 제주올레를 꼭 한번 걸어보세요. ⓙ

걷기를 통해 비웠다가 다시 채워지는 경험을 했어요.
육체적으로도 정신적으로도 힐링이 되고,
또 새롭고 창의적인 생각도 하게 되었지요.
결국 걷기가 제 모든 걸 해결해준 셈이죠.

진정 위대한 생각은 걷기로부터 나온다

캘리그래피 안덕균
전성기캠퍼스의 열혈 수강생으로 캘리그래피, 펜일러스트, 팝아트 등
다양한 배움에 도전하며 즐거운 인생후반전을 보내고 있다.

PART 1
길 위에서 만난 사람들

걷는 재미를 익히세요,
더 나이들기 전에

―――――

강동경희대한방병원 한방신경정신과 교수 김종우

선천성 심장병으로 큰 수술을 두 번이나 받고 평생 부정맥 약을 먹던 김종우 교수가 히말라야 걷기 여행을 가겠다 했을 때 주치의는 극구 반대했다. 하지만 그는 히말라야에 올랐고, 인생이 바뀌었다. 일상 걷기부터 여행, 명상까지 직접 체험해 완성한, 이른바 '홧병 전문가'의 걷기 철학을 들어봤다.

걷기가 건강에 좋다는 건 상식입니다. 의학적으로도 정말 그런가요? 생리학의 기본이 '동물은 움직여야 한다'는 겁니다. 위, 간, 소장, 대장, 방광 등 신체 장기는 움직여야 그 동력에 의해서 활동합니다. 우리 몸 전체를 움직이게 하는 방법은 뭘까요? 바로 걷기입니다. 걷기는 모든 기관과 조직, 대사 물질을 활동하게 해 우리 몸의 동력이 됩니다. 직립보행을 하면 우리 몸이 똑바로 세워지면서 땅을 디딘 발가락부터 자극이 시작되죠. 이것이 신경(한의학에서는 경락)을 통해 뇌로 전달되면서 전신 근육도 움직이고 혈액순환도 됩니다. 특히 발바닥 자극은 직접적으로 뇌 건강에 가장 큰 영향을 미칩니다. 전신의 네트워크를 활성화해서 신체와 정신 활동을 왕성하게 해주는 게 바로 걷기지요.

어떤 환자에게 걷기를 권하나요? 걷기는 특정한 병이 아니라 모든 병의 치료 과정에 다 적용됩니다. 심지어 암 환자들까지 병을 극복하는 과정에 걷기가 필수적이

에요. 걷기가 인체의 대사 및 활동과 연관되어 있기 때문에 걸을 수 있다는 것 자체가 모든 질병 치료의 기본이 될 수밖에 없습니다. 누군가 말했죠? "걸으면 살고 누우면 죽는다"라고. 그 말은 의학적으로 일리가 있습니다.

간혹 걸을 수 없는 환자도 있을 텐데요. 치료할 때 가장 안타까운 환자가 "의사 선생님이 걷지 말라고 하셨어요" 하는 분들입니다. 관절 질환 환자 대부분이 그렇죠. 그런데 활동하지 못하는 상황이 오래 지속되면 오히려 병이 가중되는 일이 생깁니다. 그래서 이런 분들에게는 하다못해 TV로 걷기 다큐라도 보라고 합니다. 제가 <마흔 넘어 걷기 여행>(북클라우드)이라는 책에도 소개한 사례인데, 30대에 척추 손상 사고를 겪고 20년간 하반신마비로 산 분이 계셨어요. 너무 답답하고 스트레스가 쌓여서 찾아오셨는데, 그분께 <걸어서 세계 속으로> <영상앨범 산> 같은 여행 다큐 프로그램을 보라 했죠. 2주가 지나니 마음이 편안해지고 6개월이 지나자 '나도 뭔가 할 수 있지 않을까' 하는 마음이 들었다고 합니다. 이후 용기를 내어 휠체어를 타고 가벼운 여행에 도전할 정도로 좋아지셨어요. 걷기는 상상하는 것만으로도 활기를 찾을 수 있습니다.

중장년에게 걷기가 특히 중요한 이유는 무엇일까요? 인간은 돌 즈음부터 걷기 시작해 50대에 몸과 정신의 최대치를 찍고, 그 이후로 서서히 내리막을 그립니다. 걷기는 내가 죽기 직전까지 하는 운동입니다. 중요한 건 70·80대가 되기 전에 꼭 걷기에 재미를 붙여야 한다는 것입니다. 걷기는 모든 활동의 시작입니다. 취미 생활이나 어떤 활동을 하려고 해도 무조건 걷기부터 시작해야 하고, 또한 걷기가 가능하다면 무엇이든 할 수 있습니다. 한데, 50·60대에 걷기의 재미를 마스터하지 못하면 70대가 되어 그걸 느끼기는 어려워요. 70·80대를 마지막까지 걸으면서 활기차게 보내려면 더 늦기 전에 50대부터 걷는 재미를 들여야 합니다. 가장 중요한 건 '걷는 게 재미있다고 느끼는 것'입니다. 걷기가 재밌는 일이 되면 건강은 자연히 따라옵니다.

교수님은 언제부터 본격적으로 걷기에 재미를 느꼈나요? 원래부터 걷는 걸 좋아했지만, 10여 년 전에 떠난 히말라야 걷기 여행이 큰 계기가 되었습니다. 암 환자 치유 모임에서 건강 강의와 명상 등을 하는 프로그램을 함께 진행했는데, 거기서 히말라야 트레킹을 기획한 거죠. 사실 저는 선천적 심장병을 앓고 있어서 고산지대에 가면 안 되는 사람이에요. 주치의도 극구 반대했지만, 넉 달 전부터 아파트 29층을 매일 걸어 오르면서 연습했고, 결국 도전했습니다. 해발 3200m 전망대에 도착하기까지 다른 사람들은 멀쩡했지만 저는 너무 힘들었어요. 그런데 죽도록 힘들게 올라가 히말라야 영봉을 딱 바라보니 역설적으로 '아, 이런 곳에서 죽어도 좋겠다'는 생각이 들더군요. 히말라야 트레킹 이후 매년 걷기 여행을 떠났습니다. 우리나라와 세계의 트레킹 코스를 두루 걷고, 이를 통해 얻은 것을 글로 남기고 있어요.

유명한 걷기 코스를 거의 다녀오셨는데, 저마다 매력이 다르지요? 영적인 산티아고 순례길은 히말라야 트레킹과는 완전히 다릅니다. 지루할 만큼 긴 길인데, 생각만큼 예쁘지 않고 코스가 다이내믹하지도 않아 호불호가 나뉩니다. 하지만 가장 좋았던 건 쉬어야 할 때쯤 나타나는 작은 카페와 바였어요. 그곳의 주인들은 순례자들을 극진히 대접해줍니다. '신의 가호를 빕니다' '깨달음을 얻고 돌아가시기를' '하나님의 영광이 늘 함께하기를' 이러한 메시지와 응원을 받으면서 걷는 거지요. 음식과 커피와 와인을 풍성하게 먹을 수 있고 맛도 좋으니, 종교가 없는 저 같은 사람에게도 이런 점은 꽤 매력적이죠. 규슈 올레를 비롯한 일본의 걷기 코스는 또 다른 매력이 있어요. 바로 온천이지요. 한 고개 넘으면 딱 나타나는 온천에서 휴식하는 재미가 있습니다. 제가 자주 가는 오헨로는 산티아고 순례길을 모방해 만든 길입니다. 시코쿠섬을 한 바퀴 도는 1200km의 순례길인데, 88개의 사찰과 번외 사찰 20개를 더해 총 108개의 사찰을 걸을 수 있습니다.

걷기 여행에서는 걷는 것뿐 아니라 쉬는 것도 즐거움이 되는군요? 인간은 걷는 속도보다 빠를 때의 일을 기억에 잘 남기지 않아요. 걷고 또 멈추고 그래야 기억에 남지요. 스페인 세고비아를 갔을 때, 동행한 교수님이 점심 한 끼만 여유롭게 먹자고 하셔서 3시간을 머물렀던 적이 있어요. 1600년대에 돌로 지은 건물 레스토랑에서 식사를 했는데, 그 앞에는 로마 시대에 만든 수로가 있었어요. 오래된 나무 아래, 멋진 스페인 사람들 사이에서 그 수로를 보면서 식사를 한 그때 기억이 잊히지 않습니다. 걷다가 마음에 드는 곳이 생기면 머무를 수 있어야 하지요. 멈춤의 즐거움도 느껴봐야 합니다. 오랫동안 걸으면 에너지가 바닥까지 쭉 내려가요. 멈추고 휴식하는 동안, 마치 방전된 휴대폰 배터리가 충전되듯 에너지가 차오르며 오감이 깨어나는 느낌을 받아요. 완전히 비웠다가 다시 채우는 이 과정이 명상과 비슷합니다.

교수님이 말씀하시는 '걷기 명상'이 그런 과정인가요? 사실 걷기 자체에 명상적 요소가 있습니다. 걷기에는 오로지 열심히 걷기에 '몰입'하는 순간이 있고 반대로 걷고 난 이후의 '쉼'이 있어요. 모든 것을 비워내고 난 후 다시 가득 충전되는 시간이죠. 비우고 채우는 두 가지 모두 명상적 요소입니다. 모든 것을 비워서 그 어떤 것도 받아들일 수 있는 상태, 여기에서 명상 경험이 일어납니다.

걸으면서 명상하는 구체적인 방법이 궁금합니다. 먼저 발바닥을 땅에 대고 접지(接地)를 합니다. 일단 땅과 내가 하나 되는 느낌을 받고, 안전하고 평온한 상태에서 걷기를 시작하지요. 천천히 첫발을 딱 떼는 순간, 고요하던 마음은 바로 흔들립니다. 그다음엔 안정을 되찾기 위해 어쩔 수 없이 다음 발을 내딛게 되죠. 결국 걷기란 '정(正)'에서 '반(反)'으로 갔다가 '합(合)'으로 오는 과정입니다. 처음에는 삐뚤빼뚤 불안정한 느낌이 이상하다가 어느 정도 익숙해지고 자신의 리듬을 찾게 되면 그다음부터는 매우 자연스러워집니다. 이때 자신의 문제를 '화두'로 툭 던지고 걷다 보면 어느새 해답에 다다르게 되지요.

일상 속에서 꾸준히 걷기가 생각보다 어렵습니다. 어떻게 하면 걷기를 평생 습관으로 만들 수 있을까요? 걷기는 일정 수준 이상을 꾸준히 실천해야 합니다. 최소 30분 이상, 1만 보 이상을 걸으려면 생활 속에 녹아들어야 하지요. 저는 걸어서 출퇴근을 합니다. 도로로 오면 30분 정도 걸리는데, 둘레길로 연결된 산길을 택하면 1시간 정도 걸립니다. 출퇴근하는 동안 이렇게 걸으면 6000보 정도 되고, 점심 먹고 병원 안에서 왔다 갔다 하면 이것만으로도 1만 보 정도가 됩니다. 특별히 시간을 더 내지 않아도 1만 보를 생활 속에서 채우고 있어요. 만약 충분히 걷지 못했다면 밤 시간을 이용해서 또 걷습니다.

출퇴근 길이 너무 멀어서 걷기 어렵다면 어떻게 할까요? 그렇다면 점심시간에 걸어서 맛집을 가보는 건 어떨까요? 만약 서울역 앞에 회사가 있다면 남산둘레길을 지나 이태원 맛집에서 점심을 먹고 걸어서 돌아오는 겁니다. 무조건 생활 속에서 즐겁게 걸을 수 있는 기회를 만들어보세요.

시간이 여유로운 주말에는 어떻게 걷나요? 평일에 생활 속에서 1시간 정도 걷는다면, 주말에는 2시간 이상 오래 걷습니다. 굳이 멀리 교외까지 나가지 않아도 좋습니다. 서울 시내를 걸어도 좋아요. 마치 해외여행 가서 파리 도심 골목을 걷는 기분으로 맛집을 찾아다니면서 즐겁게 걸어요.

교수님은 언제 걷는 것을 가장 좋아하나요? 제가 가장 좋아하는 걷기는 새벽에 걷는 겁니다. 해 뜨기 전부터 걷는 거예요. 동이 트기 시작하면 자연이든, 도시든

그곳의 민낯이 그대로 드러나면서 해가 뜰 때 절정을 맞이하죠. 해 뜬 후 30분 동안의 빛이 가장 아름답습니다. 새벽 도시의 공원은 정말 멋있어요. 운동하러 나온 사람들이 뿜어내는 에너지도 느껴지고요. 거리에서 모닝 커피를 마시는 순간도 참 좋습니다. 바쁘게 움직이는 사람들을 여유롭게 바라보고 있으면 행복한 기분이 듭니다.

걷기만으로 행복을 누리고 계시네요. 마지막으로 이런 사람은 반드시 걸어야 한다고 걷기를 강력하게 처방해주고 싶은 사람들이 있을까요? "우리 부부는 대화가 부족해" "우리는 공감대가 없어" 이런 말들 많이 하시죠? 그렇다면 함께 걸어보세요. 굳이 대화하려고 하지 말고, 그저 같이 걷기만 해도 됩니다. 대화가 많지 않더라도 함께 걷다 보면 "경치가 참 멋있네" "상쾌하다" 하면서 공감하는 시간을 길게 가질 수 있습니다. 함께 걸으면 저절로 속도를 맞추게 되고, 심장도 같은 템포로 박동하게 됩니다. 같은 리듬으로 오래 걷다 보면 자연스럽게 공감대가 형성돼요. 만약 용서가 안 되는 사람이 있으면 오래 같이 걸어보세요. 3~4일을 걸어도 용서가 안 되면 용서가 될 때까지 계속 걸으면 됩니다. 또 어린 자녀가 있다면 꼭 같이 자주 걸으라고 권합니다. 부모와 같이 계속 산책하면 가족끼리 동조가 잘 됩니다. 서로를 공감하게 만드는 함께 걷기는 자녀에게도 배우자에게도 꼭 필요합니다. 또 하나, 코로나19 이후 고립감을 극복하는 것이 인간에게 큰 숙제가 되고 있어요. 그저 혼자 보내야 하는 시간이 강제적으로 길어지면서 '홀로' '혼자' 잘 생활해야 우울증이나 불안장애, 화병을 극복할 수 있지요. "만일 1시간이 주어진다면 무엇을 할 것인가?"라는 질문에 "걷기"라고 대답할 수 있고, 걷기를 재미있게 즐기고 언제든 할 준비가 되어 있으면 좋겠습니다. 최소한 중년에는 '혼자 걷는 재미'를 꼭 느껴보시기 바랍니다. 신체 건강뿐 아니라 정신 건강에도 큰 도움이 될 겁니다. ⓙ

걸어서 고향까지 300km
나를 찾아가는 길

───────

북 스테이 '모티프원' 공동대표 강민지

올해 19년 동안 일한 대학병원을 정년퇴직한 강민지 씨. 주변에서는 이제부터 남편과 운영하는 게스트하우스에서 손님을 맞으며 자유롭고 여유로운 일상을 보내면 되겠다고 예상했지만 그녀는 정반대 계획을 세우고 있었다. 바로 서울에서부터 자신이 나고 자란 뿌리가 있는 김천까지 약 300km를 온전히 두 발로만 걸어보는 것. 이 계획에 '집으로 가는 길'이라는 그럴듯한 이름을 내걸고, 그녀는 퇴직한 첫해의 가을을 오롯이 배낭 하나 짊어지고 길 위에서 보내고 돌아왔다.

정년퇴직 후 '집으로 가는 길'이라는 걷기 여행을 생각하게 된 출발점이 궁금합니다. 고향 떠나 40여 년을 서울에서 지내며 언젠가부터 늘 마음 한편에 품고 있던 생각이었어요. 1981년 서울에 올라온 이후로 고향을 다니러 갈 때 차로 잠깐씩 다녀온 것이 전부였는데, 그동안 내가 얼마나 컸는지, 풍경은 여전한지 천천히 음미하듯 걸어서 가보고 싶더라고요. 하지만 사실 막연한 생각이었어요. 스스로도 그게 가능하리라고는 기대하지 않았죠. 그러다 정년을 2년 앞둔 어느 날 퇴직 후 하고 싶은 일들에 대해 생각하다가 바로 이 여행을 첫 번째 미션으로 정한 거죠. '집으로 가는 길'이라는 이름도 그때 생각해둔 거였어요. 정년퇴직하는 날 제일 먼저 다짐한 것이 오롯이 혼자 걸으며 진솔하게 나 자신과 만날 수 있는 철저히 개인의 수양을 목적으로 한 순례의 여정을 떠나겠다는 거였는데 어느새 시간이 훌쩍 지

나 퇴직한 지 1년이 다 되어가고, 문득 퇴직 후 첫 번째 가을이 얼마 남지 않았음을 깨달았어요. 그래서 바로 배낭을 꾸렸지요.

서울에서 김천까지 장장 약 300km, 무려 17일을 혼자 걸어서 간다는 것은 말처럼 쉬운 일이 아닙니다. 준비 과정은 어땠나요? 퇴직 이후에는 아침마다 집 근처 우이동 계곡길 끝까지 자전거를 타고 올라가 거기서 다시 오봉전망대까지 걸으면서 운동했어요. 틈틈이 북한산둘레길도 걸었고요. 그러다 김천으로 떠날 날을 정한 다음, 출발 5일 전부터는 집중적으로 예행연습을 했죠. 1시간에 얼마나 걸을

수 있는지, 하루에 걸어서 이동할 수 있는 최장 거리는 얼마나 되는지 등 현재 체력을 가늠해보고 거기에 맞춰서 전체 코스와 일정을 정리했어요. 하지만 코스를 너무 촘촘하게 계획해두진 않았어요. 지도를 펼쳐놓고 자전거 노선을 기본 뼈대로 하고, 숙소에 맞춰 그날그날 유동적으로 조금씩 변경하기로 했죠. 자전거나 자동차와 달리 기동성이 떨어지기 때문에 걷기 여행에서는 숙소 위치가 가장 중요한 기점이 되거든요. 사실 논밭만 있는 시골길에서는 숙소 찾기가 쉽지 않아요. 그래서 하루 전날 숙소를 결정하고, 그 위치에 따라 다음 날 걷는 거리와 출발 시간을 결정하기로 했죠. 그리고 배낭을 꾸릴 때 가장 신경 쓴 건 무게였어요. 내내 짊어지고 걸어야 하기 때문에 최소한의 물건으로 단출하게 꾸렸죠. 제가 걸친 옷을 제

외하면 헤드 랜턴, 체온 유지용 점퍼, 우비, 양말, 비누, 수건 정도만 챙기고 물 500ml에 사과나 사탕, 초콜릿 같은 비상식량만 조금 담았어요. 그렇게 없으면 안 되는 것 위주로 넣어도 무게가 5kg 정도 되더라고요. 그런데 중요한 건 예행연습을 할 때 배낭 무게를 생각하지 못했던 거예요. 그리고 배낭 없이 걸었는데도 제가 너무 천천히 걷더라고요. 다리 힘이 약한 편이기도 하고요. 그런 점을 감안해서 일정을 조금 여유 있게 잡고 시작하긴 했는데, 과연 끝까지 걸어갈 수 있을지 출발 전부터 걱정이 많았어요.

난관도 있고 우여곡절도 많았을 것 같아요. 어떻게 걷고, 무엇을 먹고, 어디서 잤는지 길 위에서의 이야기가 궁금합니다. 쌍문동 집 문을 나서면서부터 걷기가 시작됐어요. 서울은 저녁에도 가로등과 조명 덕분에 시야가 충분히 확보되니 8~9시까지 부지런히 걸어서 첫날은 잠실에서 잤어요. 어느 날은 18km, 어느 날은 20km를 훌쩍 넘게 걷기도 했죠. 대신 안전을 위해서 숙소에 4~5시에는 도착할 수 있도록 그때그때 조율했어요. 많이 걸어야 할 때 새벽 6시쯤 동이 트자마자 걷기도 했죠. 그렇게 매일 오후 숙소에 도착하면 그날 입은 양말과 티셔츠를 세탁해 다음 날 걸을 채비를 해둔 후 쉬었어요. 무엇보다 걷는 법을 따로 연습하지 못했는데, 길에서 걷는 법을 제대로 배웠습니다. 하루는 어스름 무렵인데도 숙소에 도착하지 못해서 마음이 조급했는데, 마침 도로에서 공사하던 아저씨에게 왜 이렇게 속도가 안 나는지 모르겠다고 푸념을 했거든요. 그랬더니 제가 철퍼덕철퍼덕 걸어서 그렇다는 거예요. 내딛을 때 무릎을 살짝 구부렸다 펴면서 걸으면 힘이 들어가면서 추진력이 생긴다고 알려주시더라고요. 그래서 아저씨에게 배운 대로 걸었더니 진짜 속도가 나는 거예요. 그리고 3일째 되니 발에 물집이 잡혔어요. 바셀린을 발라봤지만 차도가 없어서 소독약을 사려고 읍내 약국에 들렀는데, 물집은 화상이라면서 화상 치료 테이프를 주시더라고요. 그걸 붙이니까 한 5일 만에 싹 낫더군요. 그렇게 하나 또 배웠죠.

걷다 보면 길 위에서 참 많은 사람을 만나게 됩니다. 걷지 않았다면 만나지 못했을 사람들일 텐데 그들과의 교감은 어땠나요? 자동차나 자전거로 여행할 때는 길 위의 사람도 그저 풍경처럼 지나쳐가곤 하잖아요. 그런데 걷다 보니 좋은 사람들을 만나고, 이야기를 나누게 되더라고요. 하루는 28km를 이동해야 하는 날이라서 새벽 6시에 길을 나서 9시쯤 어느 마을에 접어들었는데, 길가에서 들깨를 털고 계시던 아주머니와 인사를 나눴어요. 어디를 그렇게 부지런히 가냐고 물으시길래 고향까지 걸어가고 있다고 답하니, 아니 거길 왜 걸어서 가느냐며 "걷지 마~ 걷지 마~" 손사래를 치더라고요. 그렇게 주거니 받거니 이야기를 나누다 결국 자연스럽게 주저앉아 하루 종일 같이 깨를 털었다니까요. 점심밥, 저녁밥을 맛있게 얻어먹고, 서로 사는 이야기도 실컷 나누고, 잠까지 푹 잤는데 너무 좋았어요. 그리고 다음 날 아침 일찍 출발하는데, 어제 일한 수고비라며 5만 원짜리 한 장을 한사코 쥐여주시는 거예요. 냄비 밑에 슬쩍 넣어두고 오긴 했는데, 시골 인심을 새삼 느꼈어요. 음성에서도 비슷한 일이 있었어요. 하늘이 꾸물꾸물하던 날 가을걷이하던 논을 지나는데, 아저씨 한 분이 팔을 허공에 휘저으며 "훠이~ 훠이~" 하시더라고요. 뭐 하시나 궁금해 물으니 구름이 비를 몰고 와 나락이 젖을 수 있어서 구름을 쫓고 있다는 거예요. 그 자리에서 또 이런저런 이야기를 나누고 길을 나서려는데, 이분도 저에게 5만 원짜리 지폐를 기어코 주시는 겁니다. 저와 나이 차이도 많

지 않으신데 마치 막내 여동생이나 조카에게 용돈주는 것처럼요. 예전에는 타작하는 날이면 새참을 푸짐하게 준비해서 일하는 사람 뿐만 아니라 지나가는 사람, 건너편 다른 논에서 일하는 사람들과 나누곤 했대요. 그런데 새참을 주지 못해서 미안하다며, 가다가 꼭 맛있는 거 사 먹으라고 하시더라고요. 영동 황관에서도 대봉과 두유를 가득 챙겨주신 72세 아주머니를 만났고요. 걷는다고 절로 사람을 만나지는 건 아니에요. 그저 걷기만을 목적으로 스쳐 지나갔다면 모두 만나지 못했을 분들이에요. 먼저 마음을 열고 말을 걸어야 좋은 사람과 이야기 나눌 수 있고, 그들의 좋은 모습을 받아들일 수 있는 것 같아요.

부모님 산소에 도착하는 것으로 대장정이 끝났어요. 도착하는 순간 만감이 교차했을 것 같은데요. 종착 지점에 가까워지면서 아는 길이 나오기 시작하니 슬슬 마음에 여유가 생기더라고요. 사람들을 만나 잠시 쉬기도 하고, 막걸리 한 병에 북어 한 마리 사 들고 유유자적 걸었어요. 그리고 드디어 산소에 도착했을 때가 마침 해 질 녘이었죠. 너무 감동적이었어요. 내가 진짜 한 발 한 발 내디뎌 결국 여기까지 이르렀구나 생각하니 가슴이 벅차올랐어요. 열한 가구가 옹기종기 모여 사는 아담한 마을을 산소에서 내려다보니 감회가 새롭더라고요. 그리고 내려가서 한동안 비어 있던 고향집 문을 열고 들어가 아궁이에 불을 때고 마당을 쓸었어요. 아버님이 열여섯 살 때 할아버지와 함께 지은 집이죠. 평생을 한결같이 바지런했던 시부모님의 손길이 느껴져 그 집에 대한 기억이 참 좋았는데, 그 기억이 고스란히 살아났어요. 길고 긴 여정 끝에 결국 내 보금자리에 돌아온 느낌이랄까? 마냥 그 집에 머물고 싶었어요.

중장년에게는 사실 장거리, 장시간 걷는 것이 체력적으로 한계가 있을 수밖에 없습니다. 그럼에도 반드시 걸어야 할까요? 떠날 때는 저 혼자 먼 길을 걸어서 가는 여행이 위험하다고 모두 말렸어요. 그런데 전 그 말에 동의하지 않아요. 일단 무조건 시작하면 그 이후에는 자신도 모르게 에너지가 생겨 다 해낼 수 있게 되는 것 같아요. 물론 그 여정에 넘어지고 깨지고 다치기도 하겠지만, 그럼에도 언젠가는 목적지에 도착할 거예요. 구체적이지 않더라도 일단 몸을 일으켜 시작하면 그 과정에서 에너지가 발현되기 마련이에요. 우리 같은 중장년도 그럴 겁니다. 무엇보다 도시의 일상은 대체로 하루하루가 별반 다르지 않잖아요. 똑같은 하루가 반복되는 느낌이랄까. 퇴직한 이후에는 더욱 그렇겠죠. 그런데 걷는 동안 하루하루가 다르고, 저도 달라지고 있다는 것을 느꼈어요. 저녁에는 늘 지쳐서 겨우겨우 씻고 잠이 드는데, 아침이면 다시 원기가 충전되는 느낌이에요. 거울에도 그대로 비쳐지더라고요. 조금씩 햇볕에 그을리는데도 어딘가 더 생기 있고 건강해지는 제 얼굴이요. 화장을 잘 안 하니까 평소 거울을 잘 안 보는 편인데도 매일 아침 스스로가 너무 멋있어서 거울 속 저에게 멋있다고, 아주 잘하고 있다고, 그리고 오늘도 잘할 수 있다고 칭찬하곤 했어요. 그리고 무엇보다 요즘 혼자만의 시간을 갖기 힘들잖아요. 그런데 혼자 걷다 보니 내면을 깊이 들여다보는 시간을 보낼 수 있는 것 같아요. 하루라도 젊을 때, 그리고 두 다리에 힘이 있을 때 더 멀리 더 힘든 여행을 다녀오세요. ⓙ

걷는 동안 하루하루가 다르고
저도 달라지고 있다는 것을 느꼈습니다.

느리게 걷다 보면
길에서 나를 만난다

———

문화사회학자 신정일

신정일 작가는 대한민국 구석구석을 두 발로 걸으며 길 위의 역사를 발굴하고, 우리나라에 걷기 열풍을 일으킨 도보답사 선구자다. 부산에서 통일전망대까지 동해 바닷길에 이어 해파랑길을 완성했고 소백산자락길, 변산마실길, 천년고도옛길 등을 만들어 많은 사람에게 느리게 걷기를 권했다. 또 <신정일의 新택리지> 시리즈부터 <왕릉 가는 길> <대동여지도로 사라진 옛 고을을 가다> 등 부지런히 평생을 걸어온 길의 여정을 글로 기록해 100여 권의 책을 냈다. "왜 걷느냐"고 막연히 물으니 "걷다 보면 나를 만나게 된다"는 분명하고 확신에 찬 답변이 돌아왔다.

개량 한복 차림에 등산화 한 켤레 신고 온 산천을 누비고 있는데, 그동안 얼마나 걸어왔나요? 1995년 동학농민운동에 관한 책을 시작으로 27년간 102권의 책을 썼고, 많을 때는 1년에 열 권 이상 책을 낼 때도 있었어요. 제가 그간 걸어온 모든 길이 바로 그 책 속에 담겨 있죠. 대한민국 구석구석 헤아릴 수 없이 많은 길을 직접 두 발로 답사 다니며 쓴 기록들이에요. 저는 현장에 답이 있다고 생각해요. 보지 않은 것은 알 수가 없잖아요. 내가 직접 걸으며 느끼고 본 것만 자신 있게 이야기할 수 있는 거죠. 그렇게 저 혼자 걸었던 길을 2005년부터는 '우리 땅 걷기' 모

임 회원들과 다시 걷기도 해요. 태백에서 김포 한강과 부산 낙동강까지, 장수에서 군산 금강까지, 진안에서 광양 섬진강까지 우리나라 강이란 강은 대여섯 번씩 다녀왔어요. 또 영남대로, 삼남대로, 관동대로, 해파랑길, 소백산자락길, 변산마실길, 천년고도옛길 등 온 산천을 안 가본 곳 없이 돌아다니며 길을 발견하고 걷고 또 걷고 있죠. 산천을 유람하는 것은 책을 읽는 것과 같고, 좋은 책을 읽는 것은 산천을 유람하는 것과 같아요.

도보 답사를 떠나기 전 어떤 과정을 거쳐 채비하는지, 그리고 답사 현지에서는 얼마나, 어떤 방식으로 걷는지 궁금합니다. 답사를 가기 전에는 대동여지도나 5만분의 1 지도를 보고 코스와 일정을 대략 정해요. 그리고 <한국지명총람>을 펼쳐 그 지역의 지명과 유래 등을 공부하고 숙지한 다음 책 몇 권과 카메라, 그리고 필기도구 정도만 꾸려서 길을 나서죠. 1시간에 4~5km 정도 걷는데, 한번은 낙동강을 걸을 때 잘 데를 찾지 못해 아침 7시에 출발해 저녁 9시까지 대략 64km를 걸은 날도 있었어요. 숙소는 그날그날 걸으며 찾아서 해결해요. 모든 걸 걱정하고 위험요소를 모두 걸러낸 다음 나서려고 하면 아무것도 못 해요. 일단 저질러야 하죠. 첫 번째는 뜻을 세우고, 두 번째로 그 뜻을 이루기 위해 시도하는 것이 의미 있는 거죠. 그러니 길을 떠날 때 가장 중요한 건 마음이에요. 먼 길을 떠날 때는 눈썹까지 빼놓고 가라는 말이 있어요. 마음만 가지고 떠나면 되는데, 우린 너무 많은 것을 가져가는 것 같아요.

걸을 때 무엇을 느끼고 깨닫는지 생각의 여정도 궁금합니다. 돌멩이 하나, 풀 한 포기, 그리고 나무 한 그루에도 다 영혼이 있어요. 어떤 의미에서는 동시대를 살고 있는 친구잖아요. 그렇게 길로 나가면 사물을 보는 새로운 눈이 생겨요. 길 위에서 만나는 사물들이 나에게 말을 건네고, 그 길이 결국은 나의 스승이고 동반자고 친구가 되는 거죠. 풍경 한 페이지, 한 페이지가 다 내 책이 되기도 하고요. 도보 여행이 그런 거예요. 집을 나서서 돌아오는 순간까지, 자분자분 곱씹으며 보이는 모든 것들을 스쳐 지나가지 않고 눈여겨보면 나한테 말을 걸어오죠. 그렇게 저는 걸으며 해찰(일에는 마음을 두지 않고 쓸데없이 다른 짓을 한다는 뜻)을 많이

해요. 단순히 목적지까지 이동하는 걷기와는 방식이 다르죠.

그렇게 걷기에 가장 좋은 길을 꼽는다면요? 제가 좋아하는 장소 중 하나가 영월 법흥사 소나무 숲인데, 오랜만에 그곳에 가면 소나무를 탁 안아주고 안부를 묻습니다. 강을 따라 걸을 땐 강물과 이야기를 나누지요. 그렇게 자연 속에서 자연의 일부가 되는 경이로움이 가장 즐거운 거고, 그 과정에서 나를 만나게 됩니다. '나는 누구인가' 끊임없이 질문하고 바라보는 사물을 통해 나를 투영하는 과정인 거죠. 마르셀 프로스트의 <잃어버린 시간을 찾아서>를 보면, 작가는 길에서 어떤 사물을 만나면 거기에 빠져서 그냥 지나가질 못했대요. 하염없이 깊이 바라보는 거죠. 그러다 기가 막힌 의식의 흐름을 잡아내어 20세기 최고의 문학작품을 써낼 수 있었던 겁니다. 니체 역시 "걷지 않고 떠오르는 생각은 믿지 말라"고 했어요. 니체뿐 아니라 헤세, 칸트, 쇼펜하우어 등 많은 시대의 문인과 철학자들이 걸으면서 자신의 사상을 완성했죠.

그간 길 위에서 많은 책을 써왔는데, 책으로 읽는 인문학과 길에서 만나는 인문학은 어떤 차이가 있을까요? 앙드레 지드는 <지상의 양식>에서 "강변의 모래들이 아름답다고 하는데, 나는 그것만으로 만족할 수가 없다. 내가 그것을 감각을 통해 받아들이고 싶은 것이다"라고 해요. 말 그대로 "강변의 모래들이 아름답다"라고 쓰여 있는 글자를 읽는다고 해도 과연 그게 진짜 아름다운지 우리가 느낄 수는 없잖아요. 하지만 직접 강변으로 나가 햇살 아래 반짝반짝 빛나는 모래를 보고, 그 까슬까슬한 감촉을 느껴보면 그제야 그 아름다움이 내 것이 되는 거죠. 한마디로 책과 길이 하나가 되어야 진정한 내 것이 되는 거예요. 하지만 길을 나선다고 해서 모두가 그 길에서 답을 찾을 수 있는 건 아니에요. 제가 늘 강조하는 걷기 여행에서 지켜야 할 세 가지가 있어요. 아무렇게나 먹고, 아무렇게나 자고, 바라보는 모든 것에 경탄할 것. 경탄할 줄 알아야해요. <지상의 양식>에 보면 "그대들의 눈에 비치는 사물들이 순간마다 새롭기를. 현자란 바라보는 모든 것에 경탄하는 사람이다"라는 문구가 나와요. 우리가 보고 느끼고 경탄했던 것들은 절대 잊어버릴 수가 없어요. 내 안에 각인이 되는 거죠. 뇌를 깨우는 가장 좋은 방법이 여행을 통해 많은 것들을 경탄해야 해요. 조선의 유학자 서경덕은 아름다운 경치를 만날 때 덩실덩실 춤을 췄고, 매월당 김시습 선생은 주저앉아서 막 통곡을 했다고 해요. 어떤 아름다운 경치를 보다 보면 여한이 없잖아요. 무아지경에 빠지는 거예요. 그런 경탄이 반복되고 그것들이 쌓여서 모두 내 것으로 체화되는 거죠. 길에서 만난 모든 순간을 기적이라 여기고 보면 아마 매 순간이 새로울 거예요.

사단법인 '길 위의 인문학, 우리 땅 걷기'를 만들어 많은 사람과 함께 걷고 계신데, 혼자 걷기와 함께 걷기의 매력은 각각 무엇일까요? '길 위의 인문학, 우리 땅 걷기'는 우리나라에서 오래된 단체 중 하나죠. 어딜 가든 역사 유적과 문화 유적을 답사하고 배우며 걸어요. 인문학 걷기라고 하면 진지하고 따분할 거라 여기는 사람들이 있는데, 자연 속에서는 진지할 필요 없어요. 그저 자연에 동화되어야죠. 가을이 되면 나뭇잎이 다 떨어지잖아요. 그럼 낙엽이 소복히 쌓인 곳에 모두 눕자고 해서 나뭇잎 이불을 덮어주죠. 낙엽 방석에 둘러앉아 도란도란 이야기도 하고요. 벚꽃이 만개한 봄날에는 향긋한 꽃 방석에 앉아서 잔을 앞에 두고 바람결에 떨어지는 꽃잎을 띄워 술 한잔 나누기도 해요. 같이 걸으면 그런 재미가 있

강화군관내도

죠. 저는 늘 공부는 연애하듯 해야 한다고 생각해요. 가슴 설레게 말이죠. 그래야 인생을 살아가는 내내 자양분이 됩니다.

노년을 준비하며 도보 여행을 시작해보려는 중년들에게 조언을 한다면요? <동의보감>에서 허준 선생이 말하길 "약보보다 식보가 낫고, 식보보다 행보가 낫다"라고 했어요. 약보다는 밥이 보약이고, 그보다 더 좋은 보약이 걷는 것이란 말이죠. 그리고 다산 선생은 걷기를 '맑은 청복'이라 했죠. 맑은 즐거움, 그렇게 경쾌한 것이 없는 거죠. 한마디로 체력적으로나 정신적으로 건강한 생활을 영위하는 데 걷기가 큰 도움이 된다는 거예요. 저 역시 1954년생인데, 평생을 쉬지 않고 걸은 덕분인지 몰라도 큰 병치레 한번 없이 무탈해요. 다른 사람들은 걷다가, 등산하다가 다치기도 한다는데 자잘한 부상 없이 40대 때나 지금이나 기세가 별반 다르지 않은 것 같아요. 많은 분이 용재 성현 선생의 말을 명심했으면 좋겠어요. "산다는 것은 떠돈다는 것이고, 쉰다는 것은 죽는다는 것이다." 죽기 싫으면 일단 걸어보세요.

작가님 이야기를 들으니 일단 어디라도 걸으러 가고 싶네요. 요즘 특히 걷기 좋은 코스가 있을까요? 낙동강 석포에서 안동 도산서원까지 이르는 퇴계오솔길이 참 예뻐요. 한 사나흘 걸리는 길인데, 정말 조용하고 한적해서 한나절을 걸어도 만날 사람도, 말 물어볼 사람도 없을 거예요. 한겨울 추울 때는 한탄강이 좋아요. 깊은 골짜기를 따라 흐르는 강이 단단하게 얼어버리는데, 그 위를 사각사각 걸으면 기가 막혀요. 회원들이 춥다고 웅크리고 포기하려고 하면 영국 시인 피터 비에렉의 '눈 위의 산보' 중 한 소절을 열 번 외치자고 하죠. "나는 냉담하지 않아, 내 속은 온통 따뜻해." 그럼 몸이 후끈후끈 달아올라 하나도 안 추워요. 눈이 내리는 날에는 김제 호남평야를 걸어도 좋아요. 마치 망망한 만주 벌판을 걸어가는 것 같아요. 그리고 부산에서 통일전망대까지, 탁 트인 수평선을 바라보며 걷는 해파랑 길은 언제 걸어도 아름다워요. ⓙ

은퇴 후 걷기로
다시 찾은 자신감

―――――

전 KBS 아나운서 유애리

KBS 아나운서로 입사해 햇수로 38년간 몸담았던 방송국을 그만두고 일상 속 걷기로 노후에 새로운 재미를 찾은 유애리 전 아나운서를 만났다. 서울 구석구석, 골목골목을 걸으며 자신감을 채우는 그녀의 걷기 이야기.

정년퇴직 이후 무엇을 계획하고 어떤 일상을 꿈꿨나요? 은퇴하면 주부의 삶에 충실해보고 싶었어요. 특히 사 먹는 음식이 지겨워서 매 끼니 건강하게 집밥을 차려 먹어봐야겠다 마음먹었죠. 해보니 적성에 잘 맞더라고요. 특별한 일이 없을 땐 길 건너 사는 네 살 손녀 등·하원시키는 것이 가장 주된 일상이에요. 그 사이사이 주 1회씩 건국대 언론홍보대학원에서 스피치와 설득 커뮤니케이션 과목을 강의하기도 하고요. 그런데 손녀를 챙기다 보니 체력이 관건이더라고요. 그래서 걷기를 시작했어요. 요즘은 서울 도심 구석구석을 두 발로 걸으며 체력도 다지고 일상에 활력도 충전하고 있어요.

걷기는 언제든 손쉽게 할 수 있다 보니 그 효과와 재미를 간과하기 쉬운 것 같아요. 저도 남들 하는, 요즘 좋다고 하는 운동은 다 시도해본 것 같아요. 골프만 해도 구력이 20년이나 되어가는데 여전히 '명랑 골프' 수준으로 실력이 늘지 않더라고요. 운동에는 영 소질이 없어요. 헬스장에 가서 러닝 머신 위에서 걸어보고, 한

동안 수영도 열심히 배워봤고, 최근 6개월 동안에는 요가도 해봤는데 도리어 몸살이 나서 혼났어요. 걷기는 저 같은 운동치도 특별한 기술 없이 충분히 즐기면서 할 수 있잖아요. 특히 최근에는 코로나19 때문에 실내 운동을 꾸준히 하기 힘들었는데, 밖으로 나가 걷는 건 의지만 있으면 언제든, 얼마든지 할 수 있어 그 덕을 톡톡히 봤죠.

의지만으로 지속적인 행동을 이끌어내긴 힘든데, 어떻게 걸어야 흥미를 붙일 수 있을까요? 정해진 시간에 일정한 코스를 매일 규칙적으로 걷기보다 서울 구석구석을 찾아다니며 골목골목을 여행하듯 걷는 편이에요. 집이 마포인데 가까운 마트 대신 일부러 조금 멀리 있는 망원시장까지 걸어가거나, 어느 날엔 경의선숲길을 따라 걷고, 또 어느 날엔 한강변을 걷는 식으로 말이죠. 목적지가 같아도 그날그날 기분과 날씨에 따라 마음 가는 대로 코스를 다르게 걷죠. 그렇게 걸으면서 계절이 바뀌는 풍경과 세상 돌아가는 모습, 사람 살아가는 이야기 등 길 위에 펼쳐지는 변화무쌍한 하루를 눈에 담아요. 보통 일상은 반복의 연속일 수밖에 없잖아요. 당연히 지루하죠. 그런데 마치 탐험하듯 새로운 길을 찾아 걷다 보면 늘 새로운 자극이 생기고, 일상에도 활력이 되더라구요.

중장년의 걷기는 단순히 운동 이상의 긍정적인 효과가 있는 것 같아요. 얼마 전에 기분 전환을 위해 늘 신던 운동화 차림으로 북한산을 다녀왔는데 확실히 이전과 달랐어요. 가벼운 마음으로 갔는데 오르다 보니 점점 좋은 풍경에 조금만 더, 조금만 더 욕심을 부리다 중턱까지 훌쩍 다녀오게 됐죠. 전에는 장비 없이 가기에는 힘들던 코스인데, 가뿐히 오르게 되더라고요. 노년의 걷기는 곧 자신감으로 직결되는 것 같아요. 친구들을 보면 뭘 하나 하려고 해도 허리, 무릎, 고관절 등 여기저기가 아파서 못 하게 되는 것이 하나둘 생기는 거예요. 순발력이 떨어지고, 균형 감각도 예전만 못하고요. 조금만 무리하면 앓아눕기 일쑤고 마음처럼 몸이 따라주지 않으니 뭘 하려고 해도 걱정부터 앞서기 마련이죠. 그런데 잘 걸을 수 있다는 것 하나만으로도 자신감이 생겨요. 어디든지 갈 수 있고, 무엇이든지 할 수 있다는 자신감이요.

서울에 오래 살아도 가보지 못한 길이 많아요. 걷기에 좋은 서울 길을 추천해주신다면요? 평소에 다리 건너 상암동 쪽을 자주 걸어요. 평화의 공원이나 예전에 석유 비축기지를 공원으로 조성해놓은 문화비축기지, 하늘을 넓게 볼 수 있는 하늘공원 등 그 일대가 다 좋아요. 지도를 펼쳤을 때 서울 도심에서 녹색이 가장 많은 곳이 부암동 백사실계곡 쪽인데, 드라마 <커피 프린스> 촬영지였던 산모퉁이 카페를 지나 백사실계곡으로 향하는 부암동 길도 한적하게 걷기 그만이에요. 서대문구 일대도 구석구석 많이 다녀봤는데, 걸을 때는 안산(무악산으로도 불린다)을 추천해요. 특히 안산에서 무악재 하늘다리를 건너면 인왕산으로 연결되고, 그 길로 국사봉까지 다녀올 수 있거든요. 꼭 자연이 아니더라도 추억을 하나씩 되새기며 강북 도심을 걸어도 나름대로 힐링하는 느낌이 들어요. 강북삼성병원 언덕배기에 있는 홍난파 가옥이나 사직터널 위 행촌동 권율 장군의 은행나무, 그 옆의 딜쿠샤 하우스, 남편이 다녔던 옛 경기고등학교 자리에 들어선 정독도서관, 북촌, 혜화동로터리, 삼선교로 해서 예전에 살던 돈암동까지 걸어보니 새록새록 추억이 떠올라 감회가 새롭더라고요.

서울만 해도 정말 다양한 걷기 코스가 있네요. 서울엔 걷기에 좋은 능과 고궁도 많잖아요. 지난 여름에 처음 정릉을 걸어봤는데 키가 큰 나무들이 늘어선 울창한 숲을 걸으며 기대 이상의 만족감을 얻었어요. 고궁은 특히 단풍과 낙엽이 지는 가을에 걷기 그만이죠. 한번은 국회의사당 뒤쪽에서 당산철교 방향으로 한강을 따라 걷는데, 마치 부산의 을숙도처럼 키가 큰 억새가 울창한 길이 나오더라고요. 지금 딱 이 계절에 걷기 예쁜 길이에요. 일단 걷다 보면 의외의 보물을 발견하게 되는 것 같아요. 제가 그랬으니까요.

앞으로 걷고 싶은 길이나 도전해보고 싶은 코스가 있나요? 우리나라 해안선 도로를 걸어보는 게 꿈이에요. 예전에 남편과 함께 서해안과 동해안 지도를 그려가며 차를 타고 전국 일주를 해본 적 있는데, 다시 한 번 그렇게 해안선을 따라 걸어보고 싶어요. 그때의 좋았던 기억 속 자연 풍경과 장소들이 지금도 여전한지, 아니면 어떻게 달라졌는지 자분자분 두 발로 걸으며 되새겨보고 싶어요. J

어머니 날 낳으시고
걷기는 날 만들었네

배우 최완정

TV 드라마와 토크쇼에서 종횡무진하던 중견 여배우가 최근 몇 년 사이에는 길 위에서, 계단에서, 그리고 피트니스 대회에서 누구보다 건강하고 탄탄한 몸을 자랑하며 사람들을 만나고 있다. 그저 '걷기'만 했을 뿐인데, 이전의 삶과는 완전히 달라졌다는 그녀의 '걷기 예찬'을 들어봤다.

최근 몇 년 사이 배우라는 타이틀 못지 않게 '걷기 예찬론자'로 불립니다. 제가 자주 하는 말이 있어요. "어머니는 나를 낳으셨고, 계단 오르기와 걷기는 날 만들었다." 농담 같은 말이지만 걷기를 습관으로 만든 이후부터 제 인생이 완전히 달라졌거든요. 사실 살면서 별다른 문제나 위기가 없다면 달라지는 것도 없겠죠. 그런데 그 위기가 저에게는 '걷기'라는 인생의 선물을 준 셈이에요.

어떤 위기였나요? 1년에 네 편씩 작품을 할 정도로 활발하게 활동하고 있었는데 2018년에 차기작이 어긋나면서 배우로서의 불안감이 엄습해왔어요. 하필 이때 갱년기와 불면증이 겹치면서 일상생활이 어려울 정도의 우울증이 찾아왔지요. 중년 여성이라면 누구에게나 찾아오는 평범한 일이라고 생각할 수도 있어요. 그런데 저는 제 자신이 무너지는 것처럼 세게 다가왔거든요. 밥맛도 없어 빵이나 인스턴트 식품을 먹다 보니 살이 찌고, 그러다 보니 무기력해지더군요. 하루하루 점점 무너

지는 저를 어떻게든 일으켜 세우기 위해 일단 운동을 해야겠다고 생각했고, 가장 쉽게 계단 오르기와 걷기를 시작했어요. 산이나 스포츠 센터는 일단 나가기까지가 힘들어요. 주차를 할 수 있을지, 무슨 옷을 입을지, 트레이너와 잘 맞을지 등을 고려해야 하니 번거롭기도 하고 압박감이 있죠. 왔다 갔다 하는 데 시간도 많이 걸리고요. 반면 계단 오르기와 걷기는 운동화만 있으면 바로 나가서 할 수 있는 데다 돈도 들지 않죠. 언제 어디서나 의지만 있으면 가능하니 일단 시작했습니다.

쉽고 평범해서 시작했는데, 결과적으로는 자신에게 꼭 맞는 맞춤 처방이 된 셈이군요. 일단 시작하고 나니 언제 어디서나 하고 싶을 때 할 수 있다는 점이 꾸준함으로 이어졌어요. 그렇게 걷기를 습관으로 만들고 나니 갱년기 불면증이 사라지고 체중도 10kg이나 빠졌지요. 몸이 건강해진 것만으로도 너무 좋은데 더 감사한 건 정신이 정말 건강해졌다는 거예요. 매사에 집중할 수 있는 힘이 생겼고, 심지어 화가 날 때도 상대방을 이해하는 마음까지 생겼어요. 걸으면 몸의 신진대사가 좋아지고, 컨디션이 좋으니 정신 건강에도 좋은 영향을 주는 것 같아요.

혼자만 알기에는 아까울 만큼 좋은 경험이네요. 그래서 많은 사람에게 걷기를 권하고, 방법을 알려주는 데 열심이군요. 앞에서 말한 것처럼 갱년기와 불면증은 중년 여성이라면 누구에게나 찾아올 수 있어요. 그 말은 곧 그만큼 많은 여성이 그 시기에 큰 고통을 받고 있다는 뜻이기도 하죠. 그래서 제가 걷기를 통해 극복하고 더 나은 삶을 만난 경험이 도움이 되기를 바라요. 만약 그 방법이 너무 어렵거나 저에게만 특화되어 있다면 제가 아무리 알려줘도 소용이 없을 텐데 걷기는 일상에서 큰 어려움 없이 가볍게 시작해볼 수 있는 거잖아요. 그래서 더 열심히 걷기를 권하고 알려주게 되더라고요. 대한계단오르기걷기협회 회장을 맡은 것도 제가 경험한 걷기의 효과를 널리 알려 다른 사람도 저처럼 변화하기를 바라는 마음에서지요.

그럼 구체적으로 알려주세요. 어떻게 걸으면 가장 좋을까요? 제가 강조하는 건 '생활 속 걷기'예요. 일단 생활 속에서 걸을 수 있는 계기를 찾아보세요. 도보로 30분 소요되는 거리는 차를 이용하지 않고 걸어간다거나, 한꺼번에 일주일 치 장을 보는 것이 아니라 매일 마트에 가서 조금씩 장을 보는 식으로 매일 자주 걸을 일을 만드는 거죠. 제가 생활 속 걷기를 강조하는 이유는 접근성과 지속성이 가장 좋기 때문이에요. 꾸준하게 매일 반복하는 습관만이 변화를 일으킬 수 있으니까요. 어느 날은 날씨 때문에 밖에 나가서 걷는 게 힘들 수도 있죠. 그런데 일단 습관으로 만들고 나면 날씨가 안 좋다고 그냥 넘어가는 것이 아니라 '그럼 제자리에서 걸으면 되지' 하고 실천하게 되거든요. 가랑비에 옷 젖는다고, 짧은 거리라도 매일 꾸준히 걷는 것이 가장 중요해요.

걷기를 습관으로 만들고자 하는 분들에게 조언을 해주신다면요. 처음 시작하시는 분들에게는 '걷기 일기'를 써보라고 얘기합니다. 무슨 일이든 글로 기록을 하면 의미가 더욱 크고 깊어지죠. 오늘은 어디에서 어디까지 걸었는지, 몇 걸음 걸었는지, 휴대폰에 걸음 수가 나오니 그걸 이용해서 기록으로 남겨보세요. 그것도 귀찮으면 그냥 간단하게 오늘 하루 걸은 시간이라도 적어보세요. 그런 기록이 쌓이는 재미가 습관을 만드는 데 도움이 될 겁니다. 그리고 중요한 건 몇 번을 걷든 합쳐서 하루에 1시간 정도 걷는다는 생각으로 시작해보세요. 매일 1시간씩 걸은 기록을 넘겨볼 때의 뿌듯함이 걷는데 동력이 될 것이고, 그렇게 매일 하다보면 걷기를 더 사랑하게 되고, 좀 더 건강해지고 나아진 삶을 마주할 수 있을 거예요. 제가 그랬던 것처럼요. **J**

걷기는 운동화만 있으면 바로 할 수 있는데다
돈도 들지 않죠. 언제 어디서나 의지만 있으면 가능하니
일단 지금 걸어보세요.

(왼쪽부터) 김선자, 김설, 황혜경, 박찬숙

바르게 걷기가 가져온
인생의 변화

시니어 모델 김선자·김설·박찬숙·함혜경

우리의 걷는 모습이 어떤지 생각해본 적 있는가? 걸음걸이만 봐도 그 사람이 살아온 인생과 성격이 보인다면? 그럼 나의 뒷모습은 어떨까? 모델 워킹을 통해 '걷는 자세'가 달라지며 인생도 달라졌다는 이들을 만났다.

'걷기' 하면 둘레길 내지는 공원 산책 길을 상상했는데, 모델 아카데미의 무대는 전혀 생각지 못한 장소입니다.

김설 모델 아카데미에 다닌다고 하면 화려한 패션쇼 무대에 서는 모델이 되고 싶어 한다고 생각하는 사람이 많아요. 물론 그런 기회가 주어지는 것도 좋지만 사실 저는 '건강'과 '힐링'의 의미가 더욱 큽니다. 전문적으로 워킹을 배우고 연습하는 과정에서 생각지 못하게 얻는 것이 정말 많았거든요. 신체적인 건강과 아름다움 뿐만 아니라 건강한 생각과 인간관계까지 다방면으로요. 제대로 잘 걷는 것을 배우는 것은 시니어들의 삶을 바꿔주는 배움이라는 확신이 있습니다.

김선자 요즘은 워낙 관리를 잘해 얼굴만 봐서는 나이를 가늠하기 어려워요. 그런데 걷는 뒷모습을 보면 나이가 보이지요. 배를 내밀고 팔자걸음을 걷거나 구부정하게 걸으면 나이가 들어 보이거든요. 그래서인지 걸음걸이만 바꾸어도 아주 많은 것이 긍정적으로 달라지더라고요.

구체적으로 어떤 것이 달라지나요?

김설 일단 걷기를 좋아하게 되었어요. 사실 저는 걷는 것을 아주 싫어하고 못하는 사람이었거든요. 500m 거리도 차로 다녔으니까요. 부산 해운대 백사장을 한 바퀴만 걸어도 쓰러질 것 같아 호텔에 들어가 약 먹고 누웠던 사람이에요. 제가 평발이에요. 그래서 저는 '원래 못 걷는 사람'이라고 규정하고 살았죠. 그러다 우연한 기회에 시니어 모델 아카데미에 와서 걸음걸이와 자세를 바로잡는 훈련을 했는데, 평발은 문제 되지 않을 정도로 제가 어느 순간 잘 걷고 있더라고요. 체력적으로도 별로 힘들지 않고요. 지금까지 제대로 걷는 방법을 몰라 나를 잘못 알고 있었다는 걸 깨달았습니다. 지금은 한두 시간 정도는 거뜬히 걷습니다. 저를 보면서 주변 사람들이 많이 놀라고 있지요.

함혜경 저는 허리가 너무 안 좋아 똑바로 서 있기 힘들었어요. 아무리 똑바로 서 있으려 해도 항상 한쪽 어깨가 올라가 있거나 내려간 모습이었죠. 몸의 균형이 맞지 않으니 굽 높은 예쁜 신발과 점점 멀어지고 단화만 신게 되었고요. 그런데 여기 와서 자세를 바로잡고 내 걸음걸이를 의식하면서 걷는 연습을 반복하다 보니 허리 통증이 싹 없어졌어요. 10여 년 만에 하이힐도 다시 신게 되었지요. 사실 이전에는 팔자걸음이 콤플렉스였어요. 고관절이 좋지 않은 사람은 어쩔 수 없다고 하더라고요. 마음은 똑바로 걷고 싶어도 절대 고쳐지지 않았는데, 워킹을 배운 지 두 달 만에 고쳐지더라고요. 신기했죠.

박찬숙 감독님은 농구 선수 시절에 다진 체력과 훈련 경험이 있어 걷기를 싫어하거나 어려워하지 않았을 것 같은데요.

박찬숙 모델 아카데미에 온 건 시니어 모델이 되려던 것이 아니라 새로운 분야에 대한 도전이었어요. 모델 워킹을 배우기 위한 '걷는 연습'은 운동할 때와는 완전히 다른 훈련이었지요. 평생 운동으로 다져놓은 걷기와 여기서 배운 모델 워킹은 전혀 달랐거든요. 사실 운동선수는 오랫동안 한 길만 걸어온 사람들이라 운동 외에 할 줄 아는 것이 별로 없어요. 그래서 현역에서 물러나면 무엇을 해야 할지, 운동이 아닌 다른 것을 내가 할 수 있을지 고민하는 사람이 많아요. 그래서 내 두 발로 운동이 아닌 다른 걸 해볼 수 있다는 기대와 설렘이 큰 활력이 되고 있지요.

시작은 걸음걸이를 바르게 교정하려는 목적이었으나, 그 효과는 삶의 곳곳에 영향을 주고 있나 봅니다.
김선자 사실 걷는 것은 일상적인 거고, 내 두 다리로 여기에서 저기로 가는 것 이상의 의미는 없었어요. 우리네 엄마들이 대부분 그렇듯 팔자걸음이든 안짱걸음이든 사는 데 아무 지장 없다는 마음으로 살았죠. 그런데 내가 어떻게 걷는지 의식하기 시작하고, 제대로 걷고 있는지 살펴보고, 바로잡는 과정 속에서 내 스스로가 나를 돌보고 잘 가꾸며 살게 되더라고요. 그러면서 뿌듯한 마음이 생기고, 자존감이 높아지는 계기가 되고요. 물론 평생 해보지도 않은 모델 워킹을 배우고, 걷는 연습을 반복하는 것이 마냥 쉽지만은 않아요. 그런데 즐기는 거죠. 한 걸음씩 걸을 때마다 '나는 모델이다, 나는 당당하다, 나는 멋지다' 이렇게 되뇌다 보면 한편으로는 쑥스러우면서도 한편으로는 너무 재밌어요. 워킹을 배운 이후로 습관이 하나 생겼는데, 누구를 만나고 헤어질 때 제 뒷모습에 더 신경을 쓰고 있어요. '뒤돌아서 걸어가는 내 뒷모습이 얼마나 멋진지 봐봐' 하며 당당하게 걷는데(웃음), 이게 다른 사람들에게 좋은 인상을 주더라고요.
김설 저도 마트에서 카트를 밀고 걸을 때에도 워킹하듯이 걷게 돼요(웃음).
함혜경 화나는 일이 있을 때도 집에서 워킹을 해요. '나는 멋지다, 나는 당당하다' 주문을 걸듯 한 걸음 한 걸음 걷다 보면 화가 누그러지는 효과가 있지요.

더 당당하고 유쾌해진 모습에 가족과 주변 사람들은 어떤가요?
박찬숙 우선 어디 가서 '나 요즘 모델 워킹 배운다'고 말하는 순간, 다들 박장대소를 합니다. 아주 신선하고 유쾌한 대화의 소재가 되죠. 직접 일어나 시범까지 보이면 분위기가 한껏 즐거워집니다. 그리고 무엇보다 아이들이 좋아해요. 도전하는 제 모습을 보고 '엄마 멋있다'며 응원해줘요. 사실 저는 아들(모델 서수원)이 무대에서 워킹하는 모습을 보는 것만으로도 대리 만족을 하고 있었어요. 제가 모델처럼 걷는다는 것은 상상하지 못했는데, 마치 꿈을 이룬 것 같아요.
김설 다른 사람 앞에서 제 이름은 고사하고, '누구 엄마예요'라고 말하는 것 조차 너무 떨려서 못 하던 아주 내성적인 사람이었어요. 어디 가도 뒤에 서는 것이 편하고, 옷을 사러 가도 절대 튀지 않는 것을 구입했는데 워킹을 제대로 배운 이후부터 외향적인 성격으로 바뀌었어요. 자세가 바로 서면서 마음가짐까지 당당해졌거든요. 모임에서도 주로 사람들 말을 듣는 쪽이었는데 이제는 리드하고 있는 제 모습에 주변에서 좋아 보인다고 많이 얘기해요. 실제로도 아주 좋고요.

함혜경 딸이 끼가 많아서 어릴 때부터 가수를 하고 싶다고 했는데, 그럴 때마다 제가 강력하게 말렸거든요. 그때는 딸을 이해하지 못했어요. 그런데 제가 나이 60에 모델 워킹을 배우면서 힘든 줄도 모를 만큼 재밌고, 에너지가 넘치는 순간을 경험해보니까 딸의 꿈을 반대했던 것이 미안해지더라고요. 사람이 걸을 때 생각도 같이 나아간다고 하잖아요. 제 보폭이 넓어진 만큼 저와 제 주변에 대한 이해의 폭과 시야도 넓어진 것 같아요.

앞으로 더 나이가 들어도 네 분은 지금처럼 당당하게 걷고 있을 것 같아요.
모두 당연하죠. 우리 모두 60대에 새롭게 배운 걸음마나 다름 없는걸요. 이제 제대로 걷기 시작했으니 80대까지도 꼿꼿하게 걸을 겁니다(웃음). 뒷모습이 당당하고 아름다운 사람으로 남을 거예요. **J**

시니어 전문 워킹 클래스
유겟미 셀럽 아카데미 ugetme.co.kr

*걷다보니
흙이보이고
풀도 꽃도
바람도
보이네*

캘리그래피 손두형(전성기 활동가)
퇴직 후 화가의 꿈을 이루기 위해 붓을 잡아 현재 서양화가이자 캘리그래피 작가로 활동중이다.
'감성을 담은 손글씨'를 주제로 전성기캠퍼스에서 강의를 하고 있다.

PART 2
왜 걷냐고 물으신다면

실패하고 힘들어하는 사람들에게 그런 경험을 가진 선배로서
전하는 현실적인 조언은 '읽고, 쓰고, 걸으라'는 겁니다.
그중에 가장 중요한 것은 걷는 거예요. 일단 걷다 보면 복잡한 마음이 정리되고,
일순간 '아!' 하고 보이지 않던 길이 보이는 경험을 할 수 있거든요.
가만히 있을 때보다 걸을 때 나 자신에게 얘기하기가 훨씬 수월해요.
잘해왔다고, 매일 할 일과 소명이 있다면 그것으로 충분하다고.

지지스코리아 대표 성신제

뜨거운 한여름에도 일주일에 세 번은 산길을 걸어 올라갔습니다.
왕복 3시간 정도 되는 길이죠. 처음에는 뱃살과의 전쟁이었지요.
그런데 그 전쟁이 끝나니 얻는 것이 훨씬 많습니다. 허리도 많이 좋아진 것 같고
요요와의 전쟁도 이겨냈습니다.

전매희 님

걷기는 제 인생의 즐거움이자 놀이입니다.
두 자녀 키우며 평범한 엄마로 살다가 나이 쉰 살이 돼서야
발견한 즐거움이에요. 그 시작은 900km 산티아고 순례길이었어요.
1년 동안 수십 권의 책을 읽으며 배경지식을 쌓고 집이 있는 송파에서
광화문까지, 또 팔당까지 걸으며 체력을 키운 후 떠났죠.
고통조차 아름답게 느껴지는 그 길에서 저 자신을 만났어요.
속도를 줄이니 생각이 깊어지고 온전히 '나'에게 집중하게 되더라고요.
'네 삶을, 네 인생을 살아라.' 길이 제게 알려줬죠.

도보 여행가 김효선

처음에는 당 수치를 조절하기 위해 걷기 시작했습니다.
그런데 발목 골염으로 통증이 심해 걷는 게 쉽지 않으니 짜증이 났지요.
열심히 살아온 흔적이라고 자위했지만 속상하더군요. 그런데 걷기 시작한 지 보름이
지나니 감사하게도 점점 통증이 줄고 걷기도 훨씬 수월해졌어요.
제게 걷기란 내 몸에 꼭 필요한 처방전이었지요.

박지윤 님

아파서 1년 동안 누워 지낸 적이 있습니다.
걷기는 그때 저를 버틸 수 있게 해준 희망이었어요.
언젠가는 다시 일어나서 걸을 수 있을 거라는 희망.
희망은 이뤄졌고, 저는 오늘도 걸었습니다.

이정숙 님

사람은 게으르다고 생각해요. 누구나 서면 앉고 싶고, 누우면 자고 싶잖아요.
그런 마음을 이겨내는 것이 승자겠지요. 그래서 운동이든 일이든
내가 할 상황을 만들어놓고 실천하는 것이 좋아요.
그중 하나가 바로 하루 1시간 산책입니다. 꾸준히 할 수 있는 원동력은
제가 기르고 있는 진돗개예요. 제가 들어올 때쯤 우리 진돗개가 문을 차요.
그러면 아내와 함께 산책하러 나가죠. 대단한 운동은 아니지만 이렇게 매일
걷기를 실천하는 것이 그날의 저를 승자로 만들어준다고 할까요.

개그맨 이홍렬

한마디로 걷기란 화병 치료제.

지성혜 님

'뭘 먹어서 그리 건강하냐?'고 많이들 묻습니다.
다른 건 없어요. 지금 이 순간, 먹고 싶은 걸 먹는게 전부입니다.
제가 건강한 건 운동 덕분이예요. 매일 양재 시민의 숲을
3km 정도 걷고 있어요. 이 패턴을 유지하는 것이
제가 나이에 비해 건강한 비결입니다.

방송인 이상용

다리를 뻗어 발을 앞으로 내딛으면 어느덧 60대인 내 몸의 모든 세포가 여전히 젊은 시절처럼 생생하게 살아 움직이며 숨 쉬고 있음을 느낍니다.

박철교 님

산티아고 순례길을 간 적이 있어요. 33일 코스로 다녀왔는데
혼자 800km를 걸었지요. 처음엔 하루 종일 걷다 보니 몸이 너무 고달파서
뭘 느끼고 말고 할 것도 없었어요. 그저 '종아리 땅긴다'
'허벅지 아프다' 같은 생각만 들었는데 일주일쯤 지나니 그제야 풍경이
눈에 들어오고 내가 여길 왜 왔는지 생각도 정리가 되더라고요.
혼자 800km나 걸었다는 점에서 뿌듯한 성취감도 느꼈고,
내가 이만큼 의지력 있게 행동할 수 있는 사람이구나 싶어서 내심 안도하기도
했고요. 그렇게 나 자신에게 주는 선물 같은 시간이었죠.

배우 심혜진

걷는 시간만큼은 오롯이 나와 대화를 나누는 시간.

김찬우 님

한동안 무덤덤하게 지내던 남편과 함께 걷기
시작한 이후부터 설레는 마음으로 남편과의 산책을 기다리게 되었습니다.

이선주 님

매일 아침 반려견 토니와 함께 걷고 있어요. 저는 살이 빠지면서 건강해졌고,
토니는 뒤태만 봐도 한껏 신난 모습이 역력하지요.
지극히 평범한 일상이지만, 걷지 않았다면 몰랐을 행복입니다.

박찬희 님

매일 일정 시간 반드시 걸어요.
바쁠 때는 출근 15분 전에 지하 주차장을 열심히 걷습니다.
몸이 좀 안 좋다 싶어도 어떻게든 시간을 내서 1시간 정도 걷고요.
다리를 움직이면 장이 자극되면서 몸속에 쌓여 있던 가스가
빠지는 효과가 있거든요. 소화가 잘 안 될 때 40분에서 1시간 정도 걸으면
명치에서 뭔가 쑥 내려가는 것 같은 느낌이 들 때가 있어요.
오늘 하루도 무사히 소화했다는 신호죠(웃음).

한의사 김수경

저에게 걷기란 25년 직장 생활을 끝낸 후
우울증에 걸려 만사 귀찮고 심드렁해진 나 자신에게 다시금 삶의 활기를 불어넣어준,
눈물 나게 고마운 운동 그 이상의 산소 같은 존재입니다.

박주찬 님

일주일에 두 번은 퇴근 후 집까지 걸어옵니다.
처음 목적은 체중 조절이었는데 어느덧 습관이 됐어요. 총 3시간이 걸리는데,
1시간 반쯤 걸으면 힘들다는 말이 절로 나오고, 온몸이 땀 범벅이 되죠.
밤길을 혼자 걸으니 외롭고 초조할 때도 있습니다. 어서 집에 가서 쉬고 싶은 생각이
굴뚝같지요. 그러나 몸이 힘들면 머리를 짓누르고 있던 괴로운 생각이
옅어지면서 눈물도 흘리고 엉엉 소리 내어 울기도 합니다.
나 자신과 솔직하게 만나고, 마음이 가벼워지며, 너그러워지는 순간이
바로 제게는 걷는 시간입니다.

예쁜나 님

나에게 걷기는 소통 창구입니다.
제가 가장 잘 소통하고 싶고 잘 소통해야 하는 사람인
아내와 함께하는 행복한 시간이지요.

강성훈 님

일흔을 바라보는 나이가 되었지만 산악인으로서 은퇴하지 않았습니다.
그렇다고 40대 때처럼 걸을 수는 없지요. 나이 든 만큼 조절하면서 걸으면 됩니다.
그것이 제가 계속 걸을 수 있는 비결이에요. 에베레스트 최고령 등정 기록이 80세인데,
기회가 되면 그 기록에 도전할 겁니다. 그리고 몇 년 전에 손자를 봤는데
사람들이 제게 그러더군요. "머지않아 3대가 에베레스트에 오를 것 같다"고요(웃음).
멋진 일이지요. 앞으로 적어도 10년 동안 더 걸으며
몸을 잘 관리해야 하는 이유가 생긴 겁니다.

산악인 허영호

여행자들의여 길은 없다
걸기가 길을 만든다

캘리그래피 최인숙(전성기캠퍼스 강사)
목통캘리그래피연구소 전시기획팀장이자 캘리그래피 작가. 전성기캠퍼스 강사로
활동하며 글씨를 통해 사람들과 이야기 나누는 방법을 전달하고 있다.

PART 3
걷기의 로망, 길 위의 버킷 리스트

※ 글과 사진은 2016년 <전성기> 매거진에 연재된 여행 작가 이영철의
'세계를 걷다' 시리즈 중 일부를 발췌하여 재구성했습니다.

최후의 샹그릴라
동티베트 야딩 풍경구

1933년 제임스 힐턴의 소설 <잃어버린 지평선>을 통해 '샹그릴라'라는 가상의 지명이 세상에 처음 알려졌다. 그 후 소설 속에 등장하는 '히말라야 동쪽에 있다는 그곳=샹그릴라'라는 믿음이 서구인들 사이에 퍼져갔다. 그러나 중국이 공산화되면서 완전히 단절되었다가 50년 세월이 흐른 후 중국의 개방정책으로 바깥세상에 그 모습을 드러냈다. 야트막한 평지부터 해발 4000m를 오르내리며 걷는 절경의 낙원을 만날 수 있다.

유럽 3개국을 걷는 길
투르뒤몽블랑

유럽의 지붕이라는 알프스산맥, 그 수많은 명산 중 최고봉은
해발 4807m의 몽블랑(Mont Blanc)이다. 몽블랑이라는
이름의 뜻을 살펴보면 우리의 백두산(白頭山)과 같다.
바로 '하얀(Blanc) 머리의 산(Mont)'이라는 뜻이기 때문이다.
알프스의 수많은 산 중에서 몽블랑을 중심으로 한 10여 개의
산군을 타원으로 한 바퀴 도는 둘레길이 투르뒤몽블랑(Tour
du Mont Blanc)인데, 프랑스·이탈리아·스위스 3개국 땅이
하나의 길로 이어진다. 이 길에서 알프스 파노라마를 바라보며
계곡과 능선을 오르내리는 감흥은 자동차를 타고 가거나,
잘 찍은 사진과 영상으로 보는 것만으로는 절대 느낄 수 없다.
오직 걸어봐야만 알 수 있다.

마방의 땀과 눈물이 깃든 차마고도
윈난성 호도협 트레킹

세계의 지붕 티베트고원, 그곳에 사는 이들에게 먹거리는 극히 제한적이었다. 이들은 해발 4000m가 넘는 척박한 땅에서 가축을 끌고 물과 풀을 찾아다니며 유목민의 삶을 살아야 했다. 목축과 육식으로 단백질은 풍부했으나 채소가 귀해 비타민이 결핍됐다. 그래서 그들에게는 동쪽 헝돤산맥 너머에서 들어오는 중국의 차(茶)가 절실했고, 생명수나 다름없었다. 티베트와 인접한 중국 쓰촨과 윈난 지역에서 나는 차(茶)를 티베트고원의 말(馬)과 물물교환하던 오랜 옛길(古道)이 차마고도이고, 그 길의 일부가 호도협이다. 마방(馬幇)들이 무거운 짐을 등에 지거나 말에 싣고 생존을 위해 걸었던, 말의 배설물과 마방의 땀방울로 얼룩졌던 그 길이 오늘날 세계 각지에서 몰려든 트레커들의 발걸음으로 다져지고 있다.

정이 넘치는 힐링 트레일
아일랜드 위클로웨이

아일랜드에서는 걷기 좋은 여행길을 'National Waymarked Trails'라는 이름으로 지정해 엄격히 관리하고 있다. 43개의 트레일을 모두 합친 것으로 거리만 해도 총 4000km. 그중 가장 사랑받는 곳은 단연 위클로웨이다. 전반적으로 제주의 오름과 같은 완만한 산들을 매일 한두 번씩 넘는 여정이 계속되고 오르막만 합친 총 고도가 3000m가량 되는데, 그럼에도 불구하고 그다지 힘이 들지 않는 것이 특징이다. 그 이유를 생각해보니 위클로웨이 어디에서나 만나는 아일랜드 사람들이 어찌나 정겹고 친절한지, 우리나라에서나 경험할 법한 정을 느낄 수 있었기 때문이다.

칠레 파타고니아의 비경
토레스델파이네

역삼각형 모양의 남미대륙 맨 아래 꼭짓점 부분이 '바람의 땅' 파타고니아다. 지구상에서 인간의 손때가 가장 덜 묻은 곳으로 알려진 파타고니아에는 칠레와 아르헨티나 두 나라가 보호하는 국립공원 20여 개가 몰려 있다. 그중에서도 칠레 쪽의 토레스델파이네(Torres del Paine) 국립공원은 남미 최고의 비경을 품은 곳으로 유명하다. 수직으로 솟아오른 화강암 바위산들이 워낙 독특한 분위기라, 어찌 이리도 비현실적일까 하는 느낌을 지울 수 없다. 세계 트레커들이 언젠가는 꼭 한번 걸으리라 꿈꾸고 열망하는 이유다.

폭풍의 언덕을 지나 북해까지
영국 횡단 CTC

싱그러운 초원과 능선을 지나면 19세기 유물 같은 시골 가옥들을 만나곤 한다.
낭만파 시인 윌리엄 워즈워스가 사랑했던 땅이 있고 소설 <폭풍의 언덕> 속
황무지 무어랜드를 걷는 길. 영국 한가운데 허리 부분을 두 발로 걷노라면 유럽의
속살까지 경험하는 영국 여행의 진수를 느낄 수 있다.

마추픽추로 가는 옛길
페루 잉카 트레일

'잉카 로드 트레일' 하면 에콰도르 수도 키토에서 시작해 페루를 종단하고 칠레 수도 산티아고까지 이어지는 4만km의 장거리 길을 말한다. 무자비한 유럽인들을 피해 남미의 인디오들이 안데스산맥을 끼고 숨어 다니던 생존 길이기도 하고, 젊은 시절의 체 게바라가 고물 오토바이 한 대로 6개월간 달리며 세계에 눈을 뜨던 길의 일부이기도 하다. 그러나 오늘날 잉카 트레일은 '사라진 잉카 도시' 마추픽추로 향하는 45km의 산악길을 말한다. 그 옛날 인디오들에게는 고난을 줬지만 오늘날 트레커들에게는 감동과 희열을 선사한다. 비록 지금은 폐허가 됐지만 이곳을 걷다 보면 옛 도시의 섬세함과 장대함, 정교함에 압도되어 잉카인의 위대함에 경외감이 밀려든다.

남미의 비경을 걷다
피츠로이와 세로토레

아르헨티나 남부에 위치한 파타고니아 지역에는 로스글라시아레스(Los Glaciares) 국립공원이 펼쳐져 있다. 공원에서는 페리토모레노(Perrito Moreno) 빙하가 가장 유명하지만 트레커들이 사랑하는 길은 따로 있다. 바로 파타고니아 최고봉인 피츠로이(Fitz Roy)와 인근에 있는 세로토레(Cerro Torre)다. 소수의 전문 산악인은 위험한 이 두 수직 바위산을 즐겨 오르지만, 다수의 일반 트레커는 그 근처까지 다녀오는 2개의 길을 걷는 것만으로도 큰 행복을 맛볼 수 있다. 각각 하루씩 호수와 빙하, 만년설을 둘러보는 루트다. 이 길을 걷고 나면 이제 남미를 떠올릴 때 탱고, 부에노스아이레스, 마라도나 정도에서 끝나던 단어들이 보다 낭만적으로 바뀔 것이다.

세계 최초의 유네스코 복합유산
뉴질랜드 통가리로 트레킹

뉴질랜드는 길고 짧은 길이 전역에 펼쳐져 있어 명실공히 트레킹의 천국으로 불린다. 하루 코스의 가벼운 트레킹을 즐겨도 좋고, 일주일 동안 걸으며 천혜의 자연을 만끽할 수도 있다. 그중 지금까지도 활화산으로 남아 있는 뉴질랜드 최초의 국립공원 통가리로(Tongariro) 국립공원은 최적의 장소다. 코스에 따라 3시간, 혹은 10시간 이내로 걸을 수도 있고, 일주일 동안 머물며 걸을 수도 있다. 언제, 얼마나 걸었든지 깨닫는 것은 크게 다르지 않다. 왜 이곳이 세계 최초의 유네스코 복합유산이 되었는지, 왜 이곳이 전 세계 트레커들의 버킷 리스트에 이름이 올랐는지 그 물음에 대한 답을 얻게 된다.

이탈리아 지중해의 숨은 보석 길
친퀘테레 트레일

라틴어로 '친퀘(cinque)'는 다섯(5), '테레(terre)'는 마을이나 지역을 뜻한다. 즉 친퀘테레는 5개의 마을이란 뜻. 실제로 지중해 해안선을 따라 거대한 암벽 위아래로 크고 작은 어촌 마을 5개가 그림처럼 열 지어 있다. 그 풍경 위를 걷다 보면 이탈리아에 와서 로마, 밀라노, 베네치아, 피렌체, 나폴리와 시칠리아만 돌아봤던 과거가 후회된다. 그리고 이어서 생각한다. 이제라도 이곳을 걸어서 다행이라고.

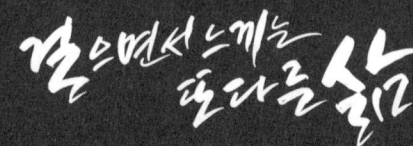

캘리그래피 손두형(전성기 활동가)
퇴직 후 화가의 꿈을 이루기 위해 붓을 잡아 현재 서양화가이자 캘리그래피 작가로 활동중이다.
'감성을 담은 손글씨'를 주제로 전성기 캠퍼스에서 강의를 하고 있다.

PART 4
길 위에서 다시 시작된 길

뚜벅뚜벅 발길 닿는 대로
걷다가 발견한 꿈

여행 작가 이영철

다양한 여행 방법 중 도보 여행을 택하고, 자신이 걸어본 세계의 수많은 여행지의 풍경과 경험을 글로 써 내려온 여행 작가 이영철 씨. 하지만 그도 처음에는 안나푸르나와 산티아고 순례길 트레킹을 버킷 리스트에 올려두고 그저 막연하게 동경만 하던 30년 차 회사원이었다. 책이나 신문에서 보던 여행 기사가 마음속에 심어준 그 꿈은 회사를 그만둔 이후 비로소 싹을 틔웠고, 그는 마침내 '도보 여행가'와 여섯 권의 여행 에세이를 낸 '여행 작가'라는 두 번째 길을 걷게 되었다.

회사를 그만두고 가장 먼저 한 일이 걸으러 간 거라고요. 자의 반 타의 반으로 퇴직하자마자 혼자 남해 바래길을 걸었습니다. 그때는 겨울이라 사람은 없고 오로지 자연과 저만 그 길에 있더군요. 사실 떠날 때까지만 해도 퇴직 이후의 삶에 대한 막막함이 컸는데, 3박 4일간의 짧은 시간 동안 '앞으로 이런 것을 보며 살아야겠다'는 생각이 아주 선명해졌습니다. 그래서 남해에서 올라온 후 오랫동안 염원하던 안나푸르나로 가는 비행기 티켓부터 끊었죠.

회사 생활을 할 때에도 등산이나 트레킹에 취미가 있었나요? 전혀요. 중년 남자의 가장 흔한 취미라는 등산도 몇 번 안 해본 제가 안나푸르나를 등반하는 것은 그 자체로 엄청난 모험이었어요. 전문가들도 고산병 등 여러 가지 상황에 대비해

많은 준비를 하고 올라야 하는 곳인데, 저는 준비를 해야겠다는 상식조차 없었죠. 덕분에 고산병은 물론, 음식을 제대로 먹지 못해 체력이 떨어지는 등 많은 고생을 했어요. 하지만 그 모든 고생을 잊게 해줄 만큼 안나푸르나는 저에게 너무 큰 걸 안겨주었어요. 풍경이 준 감동은 물론이고, 지난 삶을 정리하고 새로운 인생을 꿈꾸게 해주었거든요.

그 꿈이 여행 작가였군요. 안나푸르나에 다녀온 후 산티아고로 떠날 계획을 세우던 중 우연한 계기로 출판사와 연이 닿았습니다. 그렇게 해서 나온 책이 70일 동안 두 곳을 걸으며 제 버킷 리스트를 달성하기까지의 과정을 담은 다큐멘터리이자 자아 성찰의 기록을 남긴 <안나푸르나에서 산티아고까지>인데, 여행 도서 부문에서 베스트셀러 7위까지 오르며 인기를 끌었어요. 그 후부터 제가 이렇게 계속 살아도 된다는 일종의 자신감이 생겼다고 할까요? 이후 뉴질랜드 밀퍼드, 일본 규슈, 영국 횡단 CTC, 파타고니아, 알프스 투르뒤몽블랑 등 세계 10대 트레일을 완주했어요. 다녀올 때마다 블로그(blog.naver.com/noodles819)에 차곡차곡 자료를 올리고 책으로 기록을 남겼지요. 청년들도 힘들다는 트레일을 퇴직한 아저씨가 완주하고 나니 성취감과 뿌듯함은 물론이고 제 성격까지 변했죠.

성격이 어떻게 변하던가요? 원래는 굉장히 급한 편이었어요. 또 마음에 안 들면 욱하는 면도 있었고요. 그런데 급한 성격은 길 위에서 전혀 도움이 되지 않으니 많은 시행착오를 겪고 좌충우돌하게 되었죠. 그런 과정을 통해서 자연스럽게 느긋함과 관대함, 여유를 배웠습니다. 제가 생각해도 이전보다 훨씬 유연해진 느낌입니다.

길에서 얻은 경험이 새로운 직업뿐 아니라 새로운 자신을 발견하게 해준 셈이네요. 앞으로 길 위에서 또 발견하고 싶은 것이 있나요? 단순히 걷는 여행에서 한 걸음 더 나아가 그 나라의 역사와 문화에 집중하는 여행을 하고 잘 기록하고 싶어요. 그 전에는 잘 걷기 위한 체력과 정보만 준비하면 되었지만, 이제는 그 지역을 좀 더 세심하게 들여다보고 미리 공부도 해야 하죠. 그동안 거시적 여행을 했다면 앞으로는 미시적으로 걸어볼 생각입니다. 그와 함께 앞으로 쓰게 될 여행의 기록도 단순한 가이드북 역할에 그치지 않고, 그 나라의 역사와 문화까지 다루고 싶습니다. 열심히 걷고 또 공부하다 보면, 점점 더 좋은 글을 쓸 수 있겠죠?

끝으로 걷고 싶은 이들에게 추천하고 싶은 길이 있다면요? 제가 퇴직하고 걸었던 남해 바래길 1코스인 다랭이지겟길을 추천하고 싶습니다. 이 길은 산비탈을 깎아 만든 논과 밭 풍경이 좌우로 펼쳐지는데, 신기한 점은 네팔 안나푸르나 트레킹을 할 때, 페루 잉카 트레일과 중국 차마고도를 걸을 때도 이 다랭이지겟길과 비슷한 풍경을 볼 수 있다는 것입니다. **J**

걸어보니 더 아름다운
우리 길 우리 인생

법무사 이종호

예순일곱 살에 백두대간을 홀로 걸은 이종호 씨가 처음 걷기 시작한 계기는 단순했다. 경로우대증을 받고 허탈해하고 있는 모습을 보고 아들이 산에 한번 가보라고 권유한 것. 젊은 시절 아내와 함께 등산하던 기억을 떠올리며 백두대간 종주를 계획했고, 결과는 단순한 도전 성공 그 이상이었다.

일흔을 바라보는 나이에 백두대간을 홀로 종주한다는 결심을 하기까지 많은 준비를 했을 것 같습니다. 동년배들에 비해 건강과 체력은 자신이 있었지만, 백두대간 종주는 체력만 있다고 되는 건 아니니까요. 그래서 공부를 하려고 보니 제대로 된 안내서가 없는 겁니다. 서점을 아무리 뒤져봐도 백두대간을 다양한 각도에서 바라본 감성적인 에세이는 많은데 정작 실용적인 안내서는 없더군요. 우리나라에 산행 인구가 정말 많은데, 참고할 만한 안내서가 없다는 것이 좀 아이러니하더라고요. 그래서 백두대간을 종주하기로 마음먹은 김에 책도 만들면 좋겠다 생각하고 산행 내내 열심히 사진을 찍고 꼼꼼하게 기록했죠.

그렇게 완성된 책이 예순일곱 살의 단독 산행기 〈나 홀로 백두대간〉입니다. 산을 제법 탄다는 사람들 사이에서는 유명한 책입니다. 백두대간을 종주하고자 하는 이들을 위한 안내서이니 백두대간의 역사와 구간별 특징, 준비물, 그리고 산행기까지 제가 궁금했던 사항을 백과사전처럼 모두 담았지요. 책이 그래도 제법 볼만했는지 주변에서 다음에는 세계의 유명한 트레일에 가보라는 권유가 많았어요. 그런데 저는 생각이 좀 달랐습니다. 실질적으로 해외로 나가 트레일 코스를 걸으려면 최소한 한 달 정도 시간이 필요하잖아요. 직장인은 시간도 안 되고 경제적으로도 어려운데 좀 더 실질적으로 도움이 될 만한 일을 하고 싶다는 생각이 들더라고요. 그래서 우리나라에서 걸을 수 있는 코스를 더 만들어보자고 생각했습니다. 서점에 가서 큰 지도를 사서 코스를 구상했고, 크게 세 갈래 길을 정해 국토 종단을 시작했죠.

남들도, 나도 안 가본 길을 가는 데에 어려움이 적지 않았을 것 같습니다. 먼저 다녀간 이들에게 들은 정보도 없고, 답사도 없이 무작정 지도상에 나온 길을 정해 종단을 시작했어요. 그런데 막상 가보니 지도에는 있지만 실제는 없는 길도 있었고 끊긴 길도 더러 있었죠. 휴전선 지역을 약 7km 걸어갔는데, 앞에 포대가 나오더군요. 그 포대만 넘어가면 길이 연결되는데 포대를 넘어가라고 책에 쓸 수는 없는 노릇 아닙니까. 결국 그 길을 포기하고 다른 길로 걸어 나왔는데, 모든 교통수단이 끊겨 집으로 돌아가지 못하고 밤을 새기도 했죠.

그렇게 직접 발품을 팔아서 만든 국토 순례길이 많습니다. 해남 땅끝마을에서 임진각까지 걷는 '서해누리길', 고흥 나로우주센터에서 철원 백마고지 전적지를 걷는 '중앙내륙길', 거제도에서 양구 통일관까지 걷는 '동해오름길', 그리고 이 모든 길을 아우르는 '코리아 둘레길' 등 네 코스 정도 되겠네요. 이 코스들을 <일흔살 법무사의 나홀로 국토순례기:걸어서 국토종단>이라는 시리즈로 책을 엮었습니다. 도보 계획을 세우면서 수집한 교통·숙박·식사 정보와 도보 코스에 대한 정보를 많이 실었고, 특히 아름다운 대한민국의 길을 담으려고 노력했습니다. 제 책을 보고 길을 걷는 이들을 위해 나무나 돌 등에 일일이 색 리본을 묶는 수고도 마다하지 않을 만큼 그저 우리 길을 걷는 그 자체가 좋았습니다.

지금까지 걸어온 한 길 한 길에 모두 애정이 있을 테지만, 특별히 더 애착이 가고

아름다운 길을 꼽는다면요? 강원도 인제 내린천 4km 구간을 꼽고 싶습니다. 내린천 코스를 걷다 보면 버스와 택시가 들어가지 못하는 구간이 나와요. 자가 운전자나 도보 여행자만 갈 수 있는 길인데, 사람의 발길이 미치지 않은 비경이 이루 말할 수 없을 만큼 아름답습니다.

길을 찾고, 걷는 일이 왜 그렇게 좋으세요? 물론 수천 킬로미터를 걸으며 새로운 길을 개척하는 일이 쉽지 않죠. 하지만 제가 좋아서 걷는데, 그 일이 많은 사람에게 도움까지 되니 이보다 더 좋을 수 있을까요? 우리나라를 걷다 보면 애국자가 안 될 사람이 없을 정도로 아름답다는 걸 느낄 수 있습니다. 걷기는 너무나 쉬운 운동이고 나이가 많아도 도전할 수 있습니다. 우리가 우리 땅을 많이 사랑하고 걸어야 세계적으로 널리 알려지겠지요. 그때 제 책이 좋은 안내서가 된다면 제 인생 역시 더할 나위 없이 아름다울 거라고 생각합니다. **J**

다음에 길을 걷는 이들을 위해 나무나 돌 등에
일일이 색 리본을 묶는 수고도 마다하지 않을 만큼
그저 우리 길을 걷는 그 자체가 좋았습니다.

길 위에서 얻은
삶의 에너지

도보 여행가 송영록

은퇴 후 환갑을 기념해 50일간 920km의 산티아고 순례길을 다녀온 송영록 씨는 인터뷰를 약속한 날에도 말레이시아에서 도보 여행을 막 마치고 오는 길이었다. 그간 걷기 여행에서 직접 겪은 경험과 감정과 풍경을 지치지도 않고 들려주는 모습에서 그의 걸음 또한 이처럼 생기와 에너지가 가득했음을 짐작할 수 있었다.

은퇴 전까지 여느 사업가들처럼 무척 바쁘게 살았다고요. 여유나 휴식은 다른 세상 이야기였어요. 지금 생각해보면 사업이 별 게 아닌데 늘 시간과 마음의 여유가 없어 그 흔한 여행 한번 제대로 해본 적이 없었죠. 당시에는 한 사업체를 이끌고 있으니 여행 갈 시간에 일에 더 집중하자는 생각이 강했던 것 같아요. 물론 사업차 세계 곳곳을 가보기는 했지만 항상 자동차를 타고 바쁘게 이동했기 때문에 진짜 그 지역을 가봤다고 할 수는 없죠.

도보 여행을 제대로 한 것은 언제였나요? 은퇴 시점이 다가왔을 무렵 후배들과 산에 오른 적이 있는데, 그때 제 체력이 예전 같지 않음을 느꼈습니다. '아차' 싶더라고요. 그래서 주말마다 무작정 걷기 시작했는데, 그것이 제 삶을 바꿔놓았습니다. 그야말로 '밤낮으로' 걸었어요. 차로 지나칠 때는 보이지 않던 길이며 풍경이 진면목을 드러내고, 서울 시내가 이렇게 아름다웠나 싶어 놀랍더라고요. 그러면

서 걷기에 더 흠뻑 빠져 지냈지요. 그렇게 1년에 1000km씩 2년 정도 걸으니 자연히 체력이 좋아지고 전에 경험해보지 못한 알 수 없는 에너지가 느껴졌어요.

그 에너지가 산티아고 순례길로 이끌었군요. 호기롭게 결심은 했는데 막상 떠나려니 두렵더라고요. 일단 말이 안 통하는 것이 무서웠고, 오랜 시간 잘 걸을 수 있을지 막연한 두려움이 발목을 계속 붙잡았습니다. 그래서 주변 사람들에게 일부러 "순례길 떠난다"고 이야기하고 다녔습니다. 내뱉은 말에 책임져야 한다는 생각으로라도 떠나려고요. 결국 50일에 걸쳐 완주했고, 그 경험은 제가 사업가로서 이룬 성과만큼이나 제 인생에서 아주 큰 자산이 됐습니다.

사실 걷기는 일상인데, 어떤 다른 경험을 했나요? 걷는 동안 보이는 모든 것이 마치 처음 보는 것처럼 새로웠어요. 작은 야생화, 나뭇잎 아래 숨어 있는 벌레, 나무에 낀 보드라운 이끼 등 마치 어린아이가 태어나 걷게 되면서 처음 보는 모든 것과 같다고 생각하면 될 것 같아요. 삶을 다시 사는 느낌이었습니다. 자연이 인간에게 주는 큰 감동을 느꼈습니다.

그렇게 제대로 한 번 걷고 난 이후 삶이 많이 달라졌다고요. 50일 동안 걸으며 찍은 사진과 여행하며 얻은 소소한 느낌을 블로그(blog.naver.com/ollesong)에도 올렸어요. 댓글을 달며 호응해주는 사람이 많아지고 걷기를 꿈꾸는 사람이 늘어나 온라인 카페에 '프리맨의 도보여행'이라는 걷기 모임도 만들었지요. 2년 동안 매주 일요일 회원들과 함께 걸으며 걷기의 즐거움을 전파했습니다. 일요일 오후 2시에 지하철역에서 만나 3시간 동안 걷고 나서 함께 식사를 했지요. 매번 길대장이 달라지는데, 그날 하루는 회원들을 본인이 이끌어야 하니 그걸 준비하고 진행하면서 성취감도 생기더라고요. 돌아보면 사업가로서도 남부럽지 않은 삶을 살았지만, 걷기를 시작한 후 훨씬 여유로워졌고, 세상을 보는 눈도 더 넓어졌어요. 무엇보다 길을 걸으면 꿈도 새롭게 생겨난다는 것이 가장 행복하죠.

길을 걸으면 새롭게 생겨난다는 그 꿈은 무엇인가요? 블로그에 올린 글을 모아 전

자책 형태로 <얼렁뚱땅 카미노 산티아고>라는 책을 냈어요. 이후 세상의 모든 길을 기록해야겠다는 꿈이 생기더라고요. 그래서 지금도 매일매일 걷고 열심히 기록 중이죠. 그리고 다음에는 울릉도를 걸어야겠다, 그런 꿈도 생깁니다. 그렇게 울릉도를 다녀오는 꿈을 이루면 또 다음에 걸어야 할 곳이 정해지고요. 제 몸은 하나인데 갈 곳이 너무 많은 것, 이루어야 할 꿈이 여전히 많은 것이 고민이랄까요? 고민마저도 행복하네요(웃음).

은퇴 후 무엇을 해야할 지, 어떻게 걸어야 할지 고민하는 사람들이 많습니다. 원래 그렇지 않던 사람도 나이가 들면 점점 의기소침해지고 부쩍 외로움을 느낍니다. 그리고 은퇴한 이후에 스스로를 왕따시키고 집에 틀어박히는 경우가 많아요. 그럴 땐 가벼운 워킹화 한 켤레 사 신고 배낭 하나 메고 일단 걸어보세요. 걷다 보면 눈앞에 펼쳐진 자연의 에너지가 내게 전달되는 느낌이 듭니다. 무엇이든 할 수 있을 듯한 자신감이 생기는 것이 걷기의 가장 큰 매력이지요. 그런 의미에서 길을 하나 추천한다면 저는 경남 함양의 지리산둘레길 4코스를 권하고 싶어요. 지리산둘레길 3구간과 4구간은 이정표가 잘 정비되어 있고 산과 강, 숲, 마을, 절이 펼쳐져 있어 지루하지 않거든요. 의평마을 입구에 있는 느티나무에 도착하면 아스팔트 길과 숲으로 난 길 중 선택할 수 있는데, 두 방향 모두 좋지만 숲길을 택하면 지리산둘레길을 걷는 묘미를 제대로 느낄 수 있을 겁니다. **J**

걷기를 시작한 후 훨씬 여유로워졌고,
세상을 보는 눈도 더 넓어졌어요.
무엇보다 길을 걸으면 꿈도 새롭게 생겨난다는 것이
가장 행복하죠.

길의 발견
인생의 발견

아름다운 길 연구가 김성주

'아름다운 길 연구가'는 마흔 무렵에 인생 2막을 준비하던 김성주 씨가 '내가 좋아하는 것이 뭔지'를 고민하다 직접 만든 직업이다. 오랜 고민 끝에 이미 개발된 여행 코스보다 잘 알려지지 않은 길과 풍경에 관심이 많았던 자신을 발견하고 아름다운 길 연구가라는 두 번째 인생을 시작했다.

아름다운 길 연구가라는 직업명이 다소 문학적인데요. 어디 가서 제가 하는 일을 설명할 때 '아름다운 길을 발굴하고, 그 길 위에 인문학의 빛깔을 칠하는 직업'이라고 얘기해요. '아름다운 길'이란 공간으로서 길은 물론이고, 사람으로서 걸어가야 하는 길을 포함하고 있지요. 전국 곳곳을 걸으며 아름다운 길을 발굴하고, 그 길에 콘텐츠를 입혀 공공 기관, 도서관, 기업체의 의뢰 목적에 맞춰 걷기 여행을 기획해 진행하고요. 길을 통해 자신을 돌아보게 하는 일이지요.

아름다운 길 연구가와 함께 걷는 길은 무엇이 다른가요? 일단 무릎 친화적 코스라고 할까요(웃음)? 천천히 느리고 게으르게 걷기가 전제 조건입니다. 서울에서는 '동반흙반 길(동네 길 반+흙길 반)'을 주제로 삼고 있어요. 저는 길 위에서 느끼고 생각할 수 있다는 것에 걷기의 가치가 있다고 믿고 있어요. 공간과 대상을 향유하고 자신을 성찰할 수 있기 때문입니다. 소위 말하는 인문학이 바로 그런 거죠.

원래는 전혀 다른 분야에서 일을 하셨다고요. 대학에서 법학을 전공하고 법률사무소에서 사무장으로 일했습니다. 더 공부해서 변호사가 되려고 했지요. 그런데 소송 업무에 치인 어느 날, 문득 '내가 꼭 변호사를 해야 하나?' 하는 의문이 들더라고요. 그 후 인생 2막을 어떻게 살 것인지 치열하게 고민했어요. 결론은 '법률 책을 버리고 진짜 내 심장이 뛰는 일, 내가 좋아하는 일을 하자'였습니다. 그 일이 제겐 여행이었지요. 여행 중에서도 걷고 또 걸으며 행복을 느꼈던 경험이 가장 좋았고요. 그래서 걷기 여행을 테마로 직업을 직접 만들어보자고 생각했습니다. 없던 길을 새로 내듯 없던 일을 만들고, 이 분야에서 대체할 수 없는 사람이 되겠다는 결심으로 도전했어요. '베스트 원이 아니라 온리 원'을 꿈꾼 거죠.

무엇보다 아름다운 길을 많이 알고 있어야 하는 일이겠군요. 이 일을 하기로 마음먹고 제일 먼저 한 일이 전국에 숨어 있는 길을 찾아 나서는 것이었죠. 또한 길에 인문학을 입히기 위한 다양한 분야의 공부도 함께 시작했어요. 문학·역사·철학·생태·예술 등 관련 책 읽기는 기본이고, 영화도 3000편 이상 관람하며 인문학 지식을 쌓았습니다. 다양한 기관에서 운영하는 전통문화지도사, 국내여행안내사, 서울도성문화해설사, 한강유역수생태해설사, 에코 아카데미, 숲생태 아카데미 과정, 들풀 심화 과정, 지구숲지킴이, 즐거운 청년생태학교, 관악산숲가꿈이 양성과정, 숲 아카데미, 진로현장코칭지도사 등 전문 교육과정을 수료하는 것도 게을리하지 않았어요. 이런 교육과정은 길에 인문학을 어떻게 접목할 것인지 그 실마리를 푸는 데 도움이 되었고 자신감을 심어줬지요. 수입을 얻는 직업으로 잘 정착하려면 차별화된 나만의 콘텐츠가 있어야 하니까요.

그런 과정을 통해서 발굴한 아름다운 길이 100여 곳 넘는다고요. 서울 40여 곳, 서울 근교 10여 곳, 우리 땅 여행 코스 20여 곳, 기타 40여 곳 등 제가 발굴한 코스에 인문학을 입혀 탐방하는 프로그램을 짰습니다. 특히 봄·가을에 매주 진행하는 '서울여행'이라는 자체 프로그램을 만들어 120회 차 넘게 진행했고요. 강의 프로그램도 만들었습니다. 제가 발굴한 길과 여행에 대한 연구를 좀 더 학술적으로 구성해 50회 차 강의로 묶은 거죠. 아름다운 길을 주제로 한 콘텐츠를 개발해 세상에 내놓으면서 '아름다운 길 연구가'라는 직업까지 만든 셈이죠.

사실 생소한 직업을 접하면 가장 궁금한 것이 수익과 전망입니다. 강의와 여행 기획·진행이 수입의 양대 축입니다. 공공 도서관에서 운영하는 '길 위의 인문학' 프로그램 강사로 꽤 오래 일하고 있고, 서울자유시민대학과 서울시립대 인문학 강사로도 활동합니다. 공공 기관과 공무원 연수원, 공공 도서관 등의 인문학 강의 강사료는 2시간 기준 50만 원 내외이고, 현장 진행의 경우 시간이 많이 소요되기에 더 받습니다. 일주일에 평균 이틀 정도 강의를 진행하고 있어요. 현장 경험이 쌓일수록 인문학적 지식과 성찰은 깊어지기 마련이고, 연차가 오래될수록 발전 가능성도 더 커지는 직업이니, 보수도 그만큼 오를 거라고 보고 있습니다. 물론 코로나19 같은 통제할 수 없는 상황이 변수가 될 수 있습니다만, 여행과 인문학에 대한 사람들의 지적 호기심은 무궁무진하다는 생각에 숨 고르기를 하고 있습니다.

길 위에서 가장 행복했던 순간을 꼽는다면 언제인가요? 사실 제가 좋아서 직접 만들면서까지 시작한 일이지만, 연구·개발하는 과정이 쉽지 않습니다. 한번 만들어놓은 내용만으로는 지속할 수가 없거든요. 했던 것을 반복하면 같이 걷는 분들은 금세 알아차립니다. 무엇보다 스스로도 재미와 의미를 찾기 어렵고요. 끊임없이 걷기 관련 콘텐츠를 개발하고, 강의안을 구성하고, 현장을 재답사하는 것이 이 직업의 전제 조건입니다. 그래서 일정이 없을 때는 갔던 길을 다시 가고, 또 가서 걸으며 현장 답사를 하고 영화를 보고, 영감을 주는 사람을 만나고, 낯선 곳을 찾아가는 일을 쉼 없이 하고 있어요. 제가 늘 새로워야 같이 걷는 분들도 감동하니까요. 많은 분이 그렇게 쉼 없이 다니면 힘들지 않냐고 물으시는데, 저는 제가 좋아하는 것을 일로 하고 있잖아요. 그래서 일이 곧 재미있는 도전이자 미션이에요. 제가 만든 길이 곧 제 작품이고요. 그래서 함께 길을 걷는 분들이 "우리나라에 이런 곳이 있었다니" "어떻게 이렇게 멋진 길과 풍경을 찾아내 인문학적 스토리로 연결할 수 있나" "길을 통해 진짜 삶과 행복을 성찰하게 되었다"는 소감을 전할 때 말로 표현할 수 없는 행복을 느낍니다. **J**

걷다 보면
누구나 길벗

걷기모임카페 '우리길고운걸음' 최석명

왜 나이 들수록 걷는 것을 좋아할까. 이제 달리는 건 힘에 부치지만, 그렇다고 멈추고 싶지 않은 마음을 채워주기 때문이 아닐까. 걷고 싶지만 막상 혼자 걸으려니 의지도 약하고, 즐겁지도 않고, 걷는 방법도 잘 모르겠다면 기꺼이 서로의 길벗이 되어 함께 걷는 모임이 도움이 될 수 있을 것이다.

'우리길고운걸음'이라는 이름이 살갑고, 정겹네요. 이제 햇수로 9년 차에 접어든 온·오프라인 걷기 카페입니다. 원래 제가 회원으로 활동하던 걷기 동호회가 있었는데, 그 안에서 걷기에 대한 생각과 정서가 맞는 사람들끼리 독립해서 새롭게 모임을 만들었어요. 우리길고운걸음이라는 이름도 그때 지은 건데, 이름 정하는 것부터 제대로 도보 카페의 구색을 갖추고 문을 여는 데까지 두세 달이 걸렸지요. 주위에서는 온라인 동호회 하나 만드는 데 뭘 그렇게 고민하냐 하는데 저는 일반적인 도보 모임과는 다른 우리의 생각과 색깔이 잘 드러나는 모임을 만들고 싶었거든요.

어떻게 다르길 바랐나요? 일반적인 걷기 카페가 아닌, 걷기 공동체이길 바랐어요. 사실 운동이나 여가의 의미로만 걷는다면 비슷한 모임은 그때나 지금이나 수없이 많기 때문이죠. 그런데 저희는 걷기라는 일상적인 행위가 결국 인문학, 미학, 철학적 가치가 있다는 것을 중요하게 생각했어요. 걷는 것이 다리만 움직이고 나아가는 것이 아니라 머리로도, 마음으로도 걸을 수 있는 거잖아요. 이에 공감하고 함께 경험하는 모임이 되길 바랐습니다. 그래서 걷는 동안에는 술을 절대 마실 수 없습니다. 사사로운 관계나 단순히 친목에 열을 올리는 것이 아닌 건전하고 품위있는 걷기 모임이 되도록 카페의 성격과 분위기를 이끄는데 신경을 많이 썼죠.

결과적으로 바라는대로 카페가 운영되고 있는 것 같습니다. 처음부터 비슷한 코드를 가진 사람들이 중심이 되고, 자연스럽게 바라던 분위기가 잘 조성된 것 같아요. 회원들도 그런 점이 좋아서 활동을 지속적으로 하고 있고요. 처음에 300명 정도로 시작했는데 지금은 가입 회원이 1만 명이 넘고, 그중 들고 나는 이들을 제외하고 꾸준히 도보 모임에 나오는 열성회원은 최소 1000명이 넘습니다.

도보 모임은 어떻게 운영되나요? 3인의 카페 공동대표(공윤자, 손정숙, 최석명)을 포함해 13명의 진행자가 있어요. 9년 동안 저희 나름대로 쌓아온 다양한 걷기 방식이 있습니다. 언제 걷느냐를 기준으로 평일도보·주말도보·저녁도보·번개도보(3~4일 전에 불시에 공지)가 있고, 또 계절에 따라 눈길보도·단풍보도·꽃길보도(야생화 탐사)도 있어요. 운영 방식은 진행자들이 걷기에 알맞은 장소를 정한 다음 답사를 통해 교통편, 소요시간을 확인해서 공지를 합니다. 참여 방식이 선착순이라 인기 코스는 공지가 뜨면 바로 마감되기 때문에 회원들은 도보 공지를 보는 것이 중요한 일상이지요. 한 모임당 최소 7~8명부터 최대 15~20명의 인원으로 구성하는데, 코로나19 시국에 맞춰 횟수와 참가 인원은 조정하지만, 월 평균 30~40회 정도의 길을 열고 있습니다.

모임 횟수가 상당합니다. 진행자들의 수고가 대단하겠네요. 진행자끼리는 이 일이 봉사라는 공감대가 있어요. 어떤 대가를 바라는 것도 아니고 본인이 좋아서 우리 회원들을 위해 하는 수고니까요. 누군가가 즐겁게, 또 의미 있게 걸을 수 있도록 길을 열어주는 일이지요. 한 가지 혜택이 있다면 참가비 1000원을 면제해주는 것 정도지만 기꺼이 긍지를 갖고 즐겁게 하고 있습니다.

참가비가 1000원이군요. 당일 모임에 드는 교통비와 식사 비용은 본인 부담이 원칙입니다. 참가비는 당일 걷기 모임과는 별개로, 카페 이름으로 좋은 일을 하거나, 행사를 할 때 사용합니다. 몇 해 전 카페 기념일 행사를 평창에서 치렀는데, 산상 음악회로 아주 멋지게 했어요. 회원이 많아지니 각자 가지고 있는 재능과 관심 분야가 워낙 다양해 산상 음악회도 할 수 있게 된 거죠. 걷는 게 좋아서 모인 사람들이지만, 그중에는 음악을 좋아해서 함께 가곡을 부르거나, 글쓰기를 좋아해 함께 시·수필·에세이를 쓰거나, 또 연극을 좋아해 같이 대학로를 찾아다니는 다양한 모임으로 확장되었지요.

그 중 특별한 도보모임 하나를 꼽는다면요? 산산님(닉네임)이 이끄는 역사문화 도보모임입니다. 2014년 10월 4일부터 최근까지 무려 266회차 동안 이어지고 있는 모임이에요. 각종 기념관, 미술관, 박람회, 고궁, 왕릉을 시작으로 시내 골목길, 벽화마을, 한옥마을, 대학가, 공원에 이르기까지 역사와 이야기가 있는 곳은 어디든 걷습니다. 걷기 뿐만 아니라 목공, 공예 등 직접 체험도 하고요. 한 마디로 인문학, 역사 고고학을 공부하는 학습의 걷기라고 할 수 있지요.

주로 어떤 분들이 우리길고운걸음에 모이나요? 걷기가 아웃도어 활동이다 보니 안전을 고려해 회원 가입 자격을 70세 이하로 제한하고 있어요. 하지만 요즘은 실제 나이에 비해 신체적 나이, 정신적 나이가 젊은 사람이 많다 보니 나이 제한에 큰 의미를 두지 않습니다. 활동을 가장 적극적으로 하는 분은 대부분 60대 여성들이에요. 그중에는 남편을 데리고 오거나, 딸과 함께 오거나, 부모님을 모시고 오는 회원들도 있지요. 우리는 서로를 길벗이라고 부릅니다. 처음엔 걷기로 시작했지만 걷다 보면 어디 가서 말 못 했던 이야기를 자연스럽게 꺼내게 되고, 그러면서 동년배끼리 공감대가 생겨 말 그대로 친구가 되는 거죠. 아무래도 나이가 들수록 사회에서도 가정에서도 대화 상대가 줄어드는데, 걸으면서 그런 단절과 고립으로부터 치유가 되는 것이 중년들에겐 걷기 이상의 가치인 것 같아요. 실제로 그런 말을 많이 해요. 처음에 걸으러 나왔을 때 우울증과 불면증이 심했는데, 걷다 보니 길에 다 버리고 오게 되더라고요.

그런 점들이 카페를 지속하는 원동력이자 더 열심히 걷게 하는 이유가 아닐까 싶네요. 처음에 제가 말했던 걷기의 미학과 철학이 바로 그런 부분이겠지요. 내 두 발과 길은 앞으로 나아가고 있는데 생각과 마음은 뒤로 갈 때가 많아요. 부정적인 의미에서 뒤로 후퇴한다는 뜻이 아니라, 일종의 인생에 대한 복기라고 할까요. 걷다 보면 그동안 긴 인생길을 걸어오면서 잠시 잊고 있던 것들, 놓치고 또 잃어버린 것들을 찾게 될 때가 있어요. 지난날에 대한 회상, 그땐 미처 몰랐던 것들의 깨달음 같은 거죠. 그래서 걷다가 갑자기 멈춰 서서 까마득한 옛 친구에게 전화를 거는 회원도 있습니다. 그런 경험이 잊지 못할 '길맛'이 되지요. 낚시에 중독되게 만드는 손맛이 있듯이 걷지 않으면 절대로 느낄 수 없는, 그래서 계속 걷고 싶게 만드는 '길맛' 말입니다. '길맛'에 취하면 약도 없습니다(웃음).

그런 '길맛'을 느끼기에 좋은 코스를 추천해주세요. 주저없이 망우사색의 길입니다. 정식 명칭은 망우역사문화공원입니다. 박인환, 이중섭, 한용운, 조봉암, 강소천 그리고 최근 이장한 유관순 열사 분묘 합장지까지 한국 근현대사에서 빼놓을 수 없는 분들이 잠들어 있는 곳이죠. 죽은 이들의 공간만이 아니라 현재를 살아가는 이들이 겸손하게 찾아가 걸으며 삶을 뒤돌아보는 귀한 공간이지요.

우리길고운걸음이 앞으로 어떤 모임이 되길 바라나요? 처음이나 지금이나 달라진 건 없습니다. 건전하고 건강한 모임으로 지속되기를 바라고, 우리와 같이 걷는 분들의 삶이 걷기를 통해 조금 더 나아지기를 바랄 뿐입니다. 중장년중에는 '이 나이에 내가 무엇을 할 수 있나' '내 팔자가 이래서' '내가 잘못 살아서'라고 체념하고 자책하며 괴로워하는 사람이 많아요. 그런 사람들이 걷기를 통해서 위로받았다고, 참 좋았다고 글 한 줄 남기고 갈 수 있는 모임으로 계속 남는다면 더할 나위가 없습니다. ⓙ

가입 및 문의 우리길고운걸음 cafe.daum.net/FreindshipMts.
다음 카페에서 '우리길고운걸음'을 검색하세요.

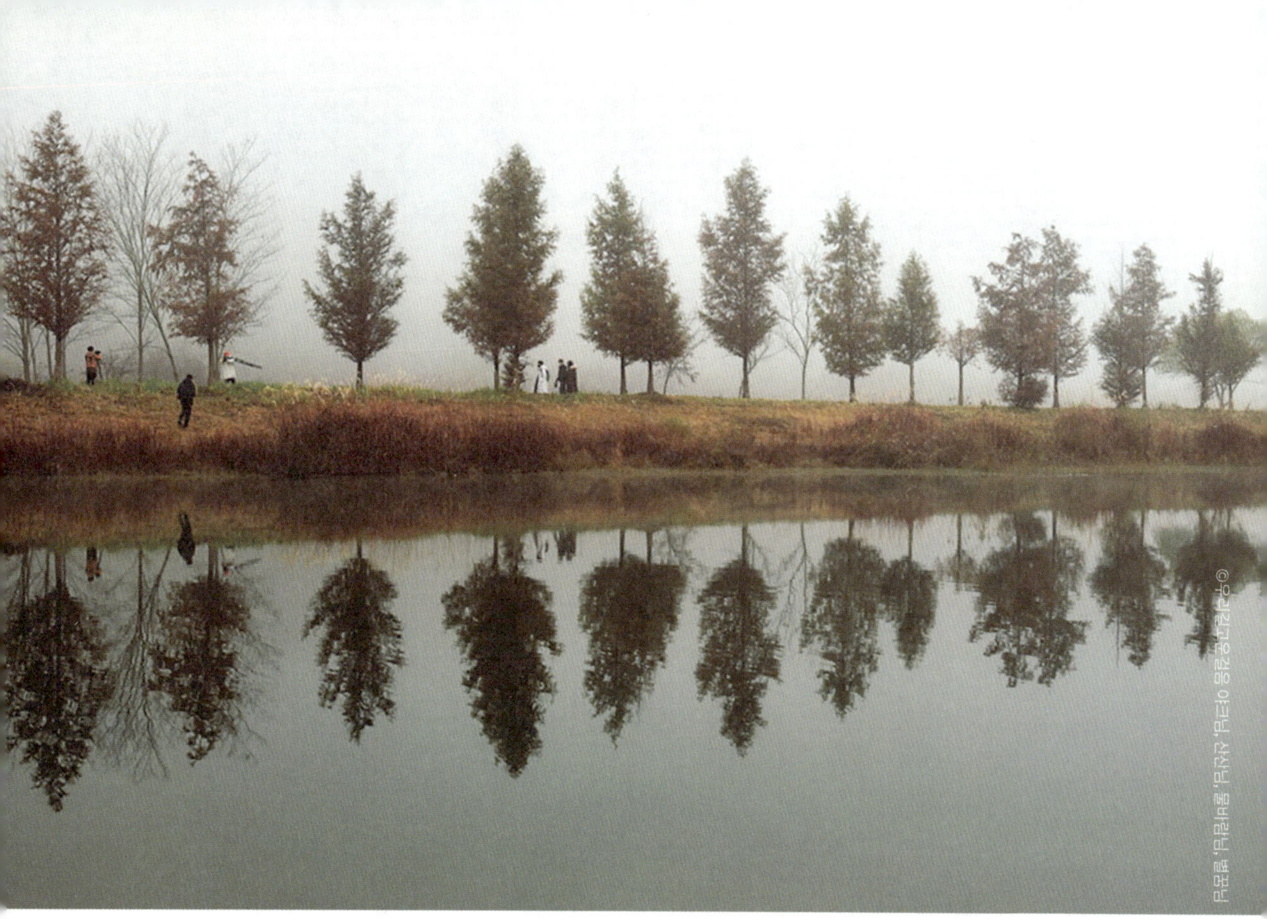

©우리길고운걸음 야크님, 산산님, 물바람님, 별꿈님

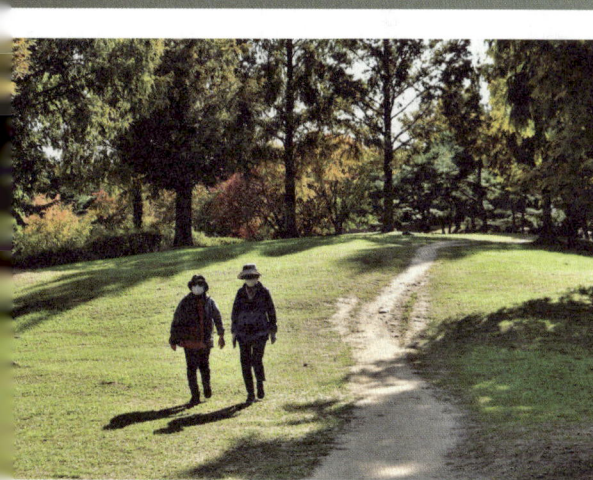

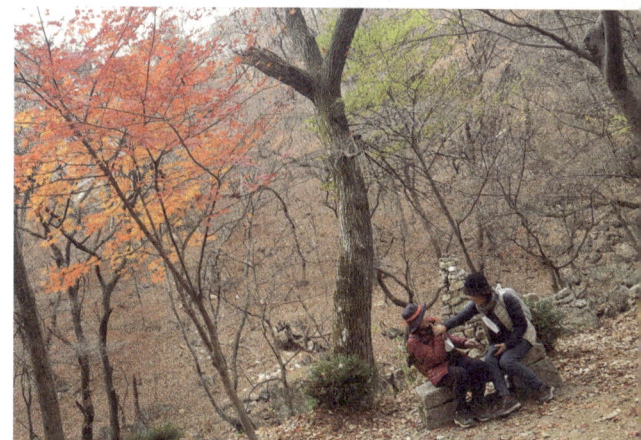

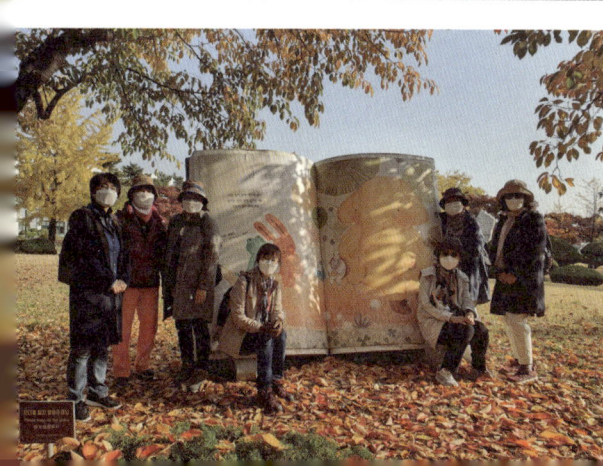

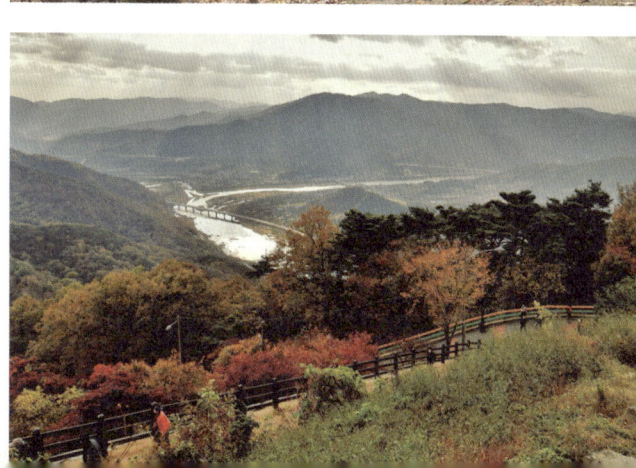

배움의 걷기를 원한다면
길 위의 인문학

혼자 나아가지 못하던 생각도 함께 길을 걷다 보면 수월하게 풀린다. 깨달음의 걷기가 필요할 때는 걸으며 인문학 강연을 듣는 '길 위의 인문학'을 만나보자.

출발지는 언제나 도서관
서울 종로에 있는 윤동주문학관 앞에 가벼운 옷차림을 한 10여 명이 삼삼오오 모여 있었다. 이들은 청운문학도서관에서 진행하는 길 위의 인문학 프로그램인 '활동사진에서 컬러 영화까지'라는 강좌를 듣는 수강생들이다. 길 위의 인문학은 한국도서관협회에서 주관하는 도서관 인문학의 간판 프로그램으로, 우리 동네 도서관에서 인문학을 만날 수 있는 좋은 기회다. 도서관마다 각 지역의 특성에 맞게 다양한 프로그램을 운영하고 있으며, 현장 답사에 나서기 전 반드시 독서 모임을 하는 것이 특징이다. 종로구 청운문학도서관에서 이날 진행한 길 위의 인문학은 영화를 통해 한국 근대의 역사와 문화사를 배우고, 영화에 담긴 서울 거리와 오래된 극장들을 탐방하며, 영화와 공간에 대해 인문학적 성찰을 하는 시간으로 꾸몄다. 첫 번째 코스는 협률사. 일행은 새문안교회 앞 대로변에 있는 원각사 터 표지석 앞에서 멈춰 섰다.

"우리나라 최초의 사설 극장인 원각사는 협률사가 폐지된 뒤 그 자리에 생긴 극장입니다. 협률사는 1902년 고종 즉위 40주년을 기념해 세웠는데, 2층 500석 규모의 우리나라 최초 실내 극장이지요. 사실 정확한 위치는 이곳이 아니고 새문안교회 바로 옆입니다. 하지만 새문안교회가 생기면서 사람들 눈에 잘 띄는 대로변으로 표지석을 옮겼지요."

강사의 설명이 끝나자 이곳에서 어떤 공연이 열렸는지, 왜 폐지됐는지 등을 묻는 수강생들의 질문 세례가 이어진다. 쉴 새 없이 질문과 답변이 이어지는 동안 일행이 도착한 곳은 보신각. 강사는 새해맞이 보신각 타종 행사에 얽힌 뒷이야기를 소개했다.

"당시 경성방송국이 새해 이벤트를 진행했는데, 1928년에는 새해 첫날에 새소리를 들려주려고 했어요. 그래서 뻐꾸기 한 마리를 구해왔지요. 하지만 이 뻐꾸기가 방송 시간 30분이 지나도록 울지 않는 겁니다. 결국 37분 만에 울었다고 해요. 그래서 다음 해엔 새소리 이벤트를 포기하고 일본 사찰에서 종 치는 것을 보고 1929년부터 타종 행사를 한 것이 지금까지 이어지게 됐어요."

독서에 길을 연결하는 시간

다음 코스인 종로3가 우미관 터로 향하는 길에 만난 '젊음의 거리'. 강사가 "이곳이 왜 젊음의 거리인지 아시냐"고 수강생들에게 돌발 질문을 던진다. 거리엔 얼핏 봐도 젊은 이들은 보이지 않고 대부분 나이 지긋한 사람들만 있어 다들 의아한 표정을 짓는다.

"10여 전만 해도 이 거리에 나이트클럽이 많았어요. 나이트클럽 앞마다 여자들은 벤치에 앉아 있고 남자들은 서서 서성거렸지요. 그렇게 젊은이들이 늘 모여 있어 거리 이름을 젊음의 거리라고 지었는데 젊은이들이 강남이나 홍대로 빠져나가고 나이트클럽들도 문을 닫으면서 지금은 젊음의 거리라고 부르기엔 어색한 거리가 돼버렸어요."

과거가 되어버린 젊음의 거리를 걷다가 발길이 멈춘 곳은 인사동 초입에 있는 조선극장 터. 1922년에 세운 조선극장은 3층 건물로, 당시 단성사와 함께 최고 시설을 자랑하던 극장이었다. 우리 영화와 연극사에 많은 공헌을 한 곳이다.
"조선극장은 주인이 몇 번 바뀌며 부침을 거듭하다가 방화로 인해 역사 속으로 사라졌어요. 당시 방화범 사연이 신문에 소개돼 숱한 화제를 낳았어요. 어려서부터 계모의 학대를 받고 자란 그 사람은 세상을 비관하다가 전주를 떠나 서울로 올라오게 됐어요. 그런데 서울조차 자기에게 너무 냉혹해 자살을 결심합니다. 그러나 자살을 하느니 차라리 감옥에 가서 괴로움을 잊어보는 게 낫겠다 싶어 극장에 방화한 겁니다. 결국 그는 8년형을 선고받았지요."

길 위에서 만나는 인문학의 진수
단성사를 끝으로 2시간여 동안 진행된 프로그램이 마무리됐지만, 수강생들은 쉽게 발걸음을 돌리지 못했다. 명륜동에서 왔다는 50대 여성은 내가 사는 지역과 연관된 이야기라서 더 의미 있다고 소감을 전했다.
"평소에 지나가다 보기도 했고 아는 곳도 있지만, 이곳을 스쳐 지나갈 뿐 깊이 있게 들여다보지 못했어요. 이렇게 사전에 관련 책을 읽고 수업을 듣고 실제 현장을 걸어보니까 이해하기도 쉽고 훨씬 재미있어요."
내가 일상에서 걷는 동네 길, 시내 길이 그저 목적지를 향해 지나쳐 걷는 곳이 전부가 아닌, 그 자체로 근사한 인문학의 목적지가 되는 시간이었다. ⓙ

※ 이 글은 2017년 10월에 진행된 청운문학도서관의 '길 위의 인문학' 탐방 기사를 바탕으로 재가공하였습니다. 현재 각 지역별 도서관에서 운영하고 있는 프로그램은 **길 위의 인문학 홈페이지 (www.libraryonroad.kr) 또는 한국도서관협회(070-4492-8564~9)**에서 확인할 수 있습니다.

걷기에 직업을 더한 사람들
도보 해설사로 걷고 살기

그냥 지나치는 길도 특별한 길로 만들어주는 사람들.
바로 '길'에 담긴 이야기를 들려주며 함께 걷는 도보 해설사다.
문화관광해설사, 향토문화해설사, 골목길해설사 그리고 전통시장해설사까지
걷기를 통해 '봉사'와 '직업', 두 마리 토끼를 모두 잡은 이들을 만났다.

문화관광해설사라고 하면, 궁궐 같은 곳을 함께 다니며 열심히 설명해주는 분을 말하는 거죠?
문화관광해설사 손훈(이하 손훈) 서울의 문화유산을 같이 거닐며 그곳에 숨은
다양한 이야기를 알리는 일이죠. 저는 주로 서울 5대 궁궐과 남산 성곽, 정동 등
한국의 옛 정취가 스민 곳 위주로 일하고 있어요. 해설을 듣고 싶은 사람이
'서울도보관광' 홈페이지에서 신청하면 날짜나 코스에 따라 해설사가 정해집니다.
시기마다 다르지만 코로나19 이전까지는 한 달에 평균 네댓 번 해설을 했어요.
외국인 관광객이 대부분이지만 가끔 기업 임원이나 지방에서 수학여행 온 학생들이
찾기도 합니다.

골목길해설사 윤성기

전통시장해설사 최지아

향토문화해설사도 문화관광해설사와 하는 일은 비슷할 것 같습니다.
향토문화해설사 이혜성(이하 이혜성) 문화관광해설사와 비슷한 직종이지만 향토문화해설사는 한 지역에만 특화됐다는 것, 그리고 외지에서 온 관광객이 아닌 그 지역의 아이들과 주민을 대상으로 일한다는 것이 다른 점이라고 할 수 있지요. 저는 중랑구의 초·중·고등학교 학생을 대상으로 관내의 역사와 문화재에 대해 설명해주는 일을 합니다. 우선 학교에 가서 1시간 정도 수업하고 같이 현장에 나가 문화재를 직접 둘러보며 그에 얽힌 이야기를 해줍니다. 사실 많은 사람이 자신이 사는 지역에 무엇이 있는지 잘 모르잖아요. 근데 그걸 알게 되면 동네에 대한 애착과 자부심이 더 생기죠.

특정 지역을 전담한다는 점에서 골목길해설사도 비슷한 직업인듯 싶습니다.
골목길해설사 윤성기(이하 윤성기) 제가 해설사로 일하고 있는 종로구에는 고궁, 고택 같은 역사 현장도 많지만 좁은 골목길, 아름다운 숲 등을 토대로 만든 다양한 코스가 있어요. 종로 구석구석에 있는 현대 미술관이나 카페 등 젊은이들이 좋아할 만한 공간도 많지요. 골목길해설사라는 이름에서 엿볼 수 있듯이 유명한 문화유적지뿐 아니라 곳곳에 숨어 있는 길에 얽힌 역사와 문화를 전달하며 함께 걷고 있습니다.

전통시장도 걷는 장소로 제법 괜찮은 코스 같아요.
전통시장해설사 최지아(이하 최지아) 전통시장해설사라는 직업이 생소하지요? 제가 최초입니다. 저는 원래 푸드 스타일리스트로 10년 동안 음식, 요리와 관련한

문화관광해설사 손훈

향토문화해설사 이혜성

전반적인 일을 했어요. 그러다가 우리 식문화에 대한 보다 특별한 경험을 할 수 있는 기회를 제공할 방법을 고민하다가 전통시장의 무궁무진한 가능성을 발견했죠. 그렇게 한식 관광과 전통시장 체험 프로그램을 개발해서 선보였고, 인정도 받았습니다. 2014년에는 세계 최대 규모의 여행 사이트 '트립어드바이저'에서 서울 최고 명물로 선정되기도 했죠.

전통시장을 걸으며 체험한다는 것 자체가 전통시장에 대한 인식을 바꿔준 셈이네요.
최지아 예전에는 전통시장이 그저 장 보는 곳이었지만 지금은 하나의 문화 콘텐츠가 된 거지요. 또 각 지역에 맞게 특화된 새로운 경험도 할 수 있습니다. 사람과 돈이 모이고 소비가 일어나는 곳에는 이야기가 생기기 마련인데, 광장시장 같은 경우 100년이 넘은 역사만큼 수많은 이야기가 함께 쌓인 거죠. 전통시장을 걷기 좋은 장소라고 하는 것도 바로 그런 이유 때문입니다.

해설사가 되기 전에는 어떤 일을 했나요?
손훈 저는 금융권에서 32년간 근무한 직장인이었어요. 그 분야에서 누구 못지않은 전문가라고 생각했지만 퇴직한 뒤 능력을 살려 다시 일을 시작하기에는 어려움이 많다는 걸 깨달았습니다. 그래서 할 수 있는 것, 하고 싶은 것 등을 정리해 냉정하게 스스로를 판단해봤어요. 해외 업무 경력과 외국어 능력, 그리고 여행을 좋아하는 성격 등을 봤을 때 가이드를 해야겠다고 결심했어요. 그래서 한국관광공사에서 프리미엄 가이드 자격증을 땄고, 가이드로 2~3년 정도 일했습니다. 그런데 일을 할수록 어려움이 느껴졌어요. 당시 우리나라에서 여행 가이드는 전문적인 내용을 전달하는 스토리텔러보다는 상품을 판매하고 여행객의 편의를 위해 일하는 사람이라는 인식이 강했거든요. 아직 우리나라는 수준 있는 투어 가이드 시장이 열리지 않았다는 생각이 들었습니다. 스토리텔러 역할에 좀 더 집중하고 싶다는 생각이 들던 차에 문화관광해설사를 알게 됐고 지금까지 오게 되었습니다.
이혜성 저는 중랑구에서 20년째 살았고, 해설사를 하기 전에는 종이접기 강사로 아이들과 소통하는 일을 했어요. 그러면서 지역 봉사 활동도 하고 동네에 애정이 많이 생겨서 동네의 산과 환경을 공부하고 관련된 일을 할 기회가 종종 있었죠. 그러던 차에 동장님에게 우리 지역의 향토문화해설사를 뽑는다는 걸 듣게 되었고,

이렇게 직업이 되었어요. 현재 중랑구의 향토문화해설사는 모두 15명인데 전업주부부터 교장 선생님, 퇴임한 군인까지 다양한 분야에서 일을 하다가 은퇴한 사람이 많아요.

해설사가 되려면 교육을 받고 시험도 봐야 한다는데 어렵지 않나요?
손훈 기본적으로 문화관광해설사는 서울관광마케팅에서 진행하는 서류 심사와 면접을 통과하고나서 약 100시간 교육을 받습니다. 이 과정을 마쳐야 현장 실습을 나갈 수 있어요. 물론 우리 문화유산에 대한 지식이 필요하지만 교육과정을 듣고 나면 이해가 잘되기 때문에 크게 부담을 느끼지 않아도 됩니다. 많은 사람을 대해야 하니 대화하길 좋아하는 외향적인 성격이면 좋겠지요. 교사였거나 사학과를 전공했다면 기본 지식이 있으니 도움이 될 겁니다. 아시아권 관광객이 많으니 중국어나 일본어를 잘하면 유리하죠. 그러나 무엇보다 봉사 정신이 투철해야 해요. 돈을 번다는 생각으로 일을 하면 금방 지칠 수 있습니다.
이혜성 골목길해설사도 교육과 시험이 있어요. 제가 일하는 곳은 중랑구이기 때문에, 중랑구에 거주해야 하는 것이 첫 번째 조건이에요. 나머지는 다른 직업군이랑 비슷합니다. 이력서와 자기소개서 제출 후 기본 교육 12주, 현장 교육 8주, 심화 교육 4주 등 총 24주를 수료하고 시험을 통과하면 활동할 수 있어요. 2년마다 재위촉장을 받는데, 이때 공석이 생기면 추가로 뽑아요. 24주의 교육과정 동안 중랑구 전반에 대한 역사와 문화를 배우는데, 열심히 교육받고 공부하면 누구나 시험에 통과할 수 있어요. 집중력과 하려는 의지에 달려 있습니다.
최지아 한국컬리너리투어리즘협회 홈페이지(www.kocta.org)에서 다양한 정보를 접할 수 있습니다. 교육에 앞서 주변에서 구전되는 이야기를 많이 알면 좋을 것 같아요. 예를 들어 광장시장에서 2대 이상 장사하는 사람들의 이야기 같은 거죠. 나만의 소재가 있다면 해설사가 되어서도 유용하게 활용할 수 있습니다.

은퇴 후 해설사로 일하는 것에 대한 만족도가 상당히 높은 것 같습니다.
손훈 현재 서울도보관광에 소속된 문화관광해설사는 180명이 넘는다고 해요. 젊은 사람도 있지만 40대 이상이 대부분입니다. 그만큼 문화관광해설사가 인생 2막을 준비하는 중년에게는 매우 좋은 직업이라는 의미죠. 저는 원래 내성적인 사람이었습니다. 보수적인 분위기의 회사에서 30년 넘게 직장 생활을 했으니

자유분방함과는 거리가 멀었죠. 더욱이 퇴직한 후 주변에 사람도 줄어들고 자신감도 떨어지는 상황이 자신을 더욱 작게 만들더군요. 하지만 해설사는 자기 주도적인 직업이고 다른 사람이 제 말에 귀 기울여주는 일이잖아요. 중년이 되면 누군가 내 말을 들어준다는 것만으로도 행복지수가 올라가니 더없이 잘 어울리는 직업이 아닐까요?

이혜성 돈을 버는 직업이라기보다 봉사 개념이 강해서 자신의 재능을 아직 발견하지 못한 주부나 은퇴 후 여유 시간이 있는 사람들이 해설사에 적합할 것 같아요. 내성적인 사람도 아이들과 있다 보면 활발해지고 이야기도 많이 하게 되잖아요? 어느 정도 아이들을 키운 주부들이 집에만 있다 보면 우울증에 걸리거나 몸이 아픈 경우가 있는데, 일단 이 일을 하게 되면 나와서 많이 걷게 되니 아플 걱정도 없고 성격도 긍정적으로 바뀌어요. 또 설명해줘야 하니까 자발적으로 공부하게 되죠. 스스로 돌보고 일에 몰두하는 이런 모습은 가정을 화목하게 만드는 일이기도 합니다.

최지아 중년들은 지식, 경험, 시간을 유연하게 활용할 수 있기 때문에 해설사에 가장 적합해요. 또 귀농이나 귀촌을 하신 분들에게도 추천합니다. 그 지역에 우리가 잘 모르는 특색 있는 시장이 있을 가능성이 크거든요. 실제로 젊은 사람보다 나이가

좀 있는 분들이 전통시장해설사 수업을 많이 듣습니다. 어느 정도 직장 생활이나 사회 경험을 한 사람들이 관심을 많이 가져요. 대부분 자신의 전공 분야가 하나 정도 있는데, 그 분야를 접목해서 일할 수 있도록 교육하고 있어요. 식문화는 융·복합적 개념으로 접근할 수 있는 것이 큰 장점이거든요. 실제로 교육과정을 마친 사람 중에는 배운 것을 토대로 개인 블로그나 여행사 홈페이지에 자신이 기획한 상품을 올려 활동하는 분도 있어요. 자녀가 있는 주부는 아이들을 위한 해설 프로그램을, 중국어를 잘하는 사람은 중국인을 대상으로 한 프로그램을 기획해 활동하고 있지요.

윤성기 해설사는 살면서 쌓은 경험과 지식을 동년배나 후세대와 나누며 끊임없이 배우는 일인 동시에 사회에 자신의 능력을 환원하는 직업입니다. 일을 하면서 느끼는 자부심과 보람이 삶의 원동력이 됩니다. 앞으로 체력이 닿는 한 골목길을 열심히 걸어 다니면서 우리 지역의 훌륭한 문화를 알리고 안내하는 활동을 꾸준히 하는 게 소망입니다. J

걸어야 보이고 걷는 만큼 보인다

캘리그래피 손두형(전성기 활동가)
퇴직 후 화가의 꿈을 이루기 위해 붓을 잡아 현재 서양화가이자 캘리그래피 작가로 활동 중이다.
'감성을 담은 손글씨'를 주제로 전성기캠퍼스에서 강의를 하고 있다.

PART 5
서울 골목길 걷기

게으르고 느긋하게 걷고 싶다면
종로구 북촌길

"다음 정거장은 세탁소 앞입니다." 종각역에서 인사동을 거쳐 북촌을 한 바퀴 도는 초록색 마을버스가 창덕궁 좌측 도로에 접어들 때 들려오는 안내 방송이다. 그리고 잠시 후 버스는 세월의 흔적을 고스란히 간직한 동네 세탁소 앞에 정차한다. 비원 돌담길에서 이어지는 원서동과 계동의 좁은 골목엔 작은 공방과 갤러리, 카페가 곳곳에 들어서 있지만 소란스럽지 않다. 그래서일까? 조금 게을러도, 느긋해도 괜찮다는 위로가 필요할 때는 북촌길이 좋은 목적지가 되어준다.

좁고 후미진 골목길이 주는 위안
용산구 후암동

'두텁바위로'와 '소월로'라는 친근한 이름의 길로 이어진 후암동은 대중교통의 허브인 서울역과 가깝고, 지척에 있는 남산 풍경도 아우르고 있어 최근 몇 년 사이 흥미로운 걷기 코스로 떠올랐다. 적산가옥 등 일제강점기 당시 일본인 집단 거주 지역이던 흔적이 드문드문 남아 있어 특유의 분위기가 걷는 재미를 더한다. 골목 끝 아득하게 이어지는 계단과 오르막길이 숨을 가쁘게 만들기도 하지만 골목만이 주는 위안을 힘을 얻어 계속 걷게 된다.

서울의 역사와 품격 속으로
중구 정동길

중장년 세대에게는 정동길에 깃든 추억 하나 없는 사람이 없을 터. 정동길은 발길 닿고 눈길 머무는 골목골목이 모두 서울의 역사를 품고 있는 박물관과 다름없다. 1887년에 지은 정동제일교회를 중심으로 덕수궁, 서울시립미술관, 배재학당 역사박물관, 정동극장, 이화여자고등학교 100주년기념관 등 근현대사의 의미 있는 장소들이 골목의 품격을 높인다. 그리고 정동길 끝 정동사거리 건너 옛 돈의문 자리에 서울의 옛 거리를 재현해놓은 돈의문박물관마을이 있어 한두 시간 골목 산책만으로도 100년을 여행하는 기분을 선사한다.

계절의 풍요로움을 만끽하고 싶다면
남산둘레길

봄에는 벚꽃 명소로, 가을에는 단풍 명소로 철마다 선물 같은 풍경을 내주는 남산은 북측 순환로부터 남측 숲길로 연결된 남산둘레길을 걸어봐야 비로소 그 진가를 알 수 있다. 필동 쉼터의 정자, 소월시비 쉼터, 사색의 공간, 백범광장 등 둘레길 곳곳에 자리해 있는 계절의 풍요로움과 아름다운 소리와 풍경 등 익숙함 속에 놓치고 있던 소중한 것들을 새롭게 발견할 수 있는 선물 같은 길이다.

메마른 감성을 문화로 채우고 싶다면
용산구 한남동

한남동은 꼭 예술가가 아니어도 일상 속에서 미술과 음악을 통해 영감을 얻고 싶은 이들이 걷기 좋은 길이다. 공간마저 하나의 작품 같은 리움미술관부터 1000원 이상 기부금을 내고 입장하는 미술관인 스페이스 신선도 흥미로운 주제의 기획전으로 발길을 붙잡는다. 걷다 보면 음악을 좋아하는 이들이 반가워할 공간도 만날 수 있는데, 요즘은 귀해진 카세트테이프, CD, LP로 음악을 들을 수 있는 '바이닐앤플라스틱'이다. 건조하고 푸석한 일상이 계속되는 날에는 한남동을 한 바퀴 걷는 것만으로도 메마른 감성을 촉촉히 적실 수 있을 것이다.

하루쯤 예술적으로 걷고 싶다면
통의동 서촌길

경복궁 서쪽에서 시작되는 서촌 일대는 골목이 미로처럼 얽혀 있고 끊길 듯 이어지는 것이 특징인데, 왠지 예술 작품 속을 걷는 듯한 기분마저 든다. 실제로 대림미술관부터 그라운드 시소, 박노수미술관, 이상의 집 등 여러 예술가들의 흔적과 작품을 만날 수 있는 스폿이 골목마다 자리해 단조로운 일상에서 잠시 벗어나고 싶은 날 걷기에 더없이 좋다.

옛 서울을 산책하고 싶다면
청파동 서울로7017

만리동과 남대문시장을 잇는 편도 1km에 달하는 길 자체로도 걷기에 충분히 매력적이지만, 만리동, 청파동, 중림동, 남대문, 회현동까지 서울역 주변의 역사와 문화를 새롭게 발견할 수 있는 5개의 산책 코스로 연결되는 진입로라는 점도 이 길을 걸어야 하는 이유다. 특히 1900년대 초반에 지어져 100살을 바라보는 슈퍼, 이용원, 아파트, 고택을 만날 수 있는 중림충정 코스와 청파효창 코스는 서울에 아직도 이런 곳이 있다는 놀라움과 반가움을 선사할 것이다.

전성기닷컴을 찾으세요

네이버, 유튜브에서 검색을 해봐도 인스타그램, 페이스북을 열심히 드나들어도 뭔가 시원하게 해결되지 않는 궁금증이 있다고요? 내 또래들은 도대체 무엇을 하고 뭘 배우는지 알고 싶다고요? 헤매지 말고 이제 전성기닷컴으로 오세요. 우리 나이에는 건강과 자산을 어떻게 관리해야 하는지, 은퇴 후에도 안정된 일상과 재미와 보람을 느끼는 일자리와 여가 생활은 무엇이 있는지 딱 궁금했던 내용들이 모두 있습니다.

전성기닷컴은 잘 나이 든 어른이 되고 싶은 이들을 위한 소통의 공간입니다. '캠퍼스'에서는 나의 재능과 경험을 나누고 싶다는 꿈이 이뤄지고, 매거진에서는 50+의 관심사와 눈높이에 맞춘 건강상식부터 상속·증여·부동산·재테크 등 필요한 정보와 재취업에 성공한 동년배들의 리얼 스토리, 그리고 유쾌하고 액티브한 여가 문화 정보까지 다른 곳에서는 찾아보기 어려운 이야기들을 만날 수 있습니다.

www.junsungki.com

정가 각 9,000원

〈전성기 웰에이징 시리즈〉가 보고 싶다면

건강하고 의미 있는 나이 듦의 즐거움과 가치를 인생 선배들의 진솔하고 따뜻한 이야기로 만나세요. 인터넷 서점 및 밀리의서재에서 구입 및 구독 가능합니다. 좋은 어른이 되고 싶은 나와 주변 사람들에게 선물하세요.

YES24 www.yes24.com
인터넷 교보문고 www.kyobobook.co.kr
밀리의서재 www.millie.co.kr

무료 구독 방법

온라인 독자엽서 보내기 책을 읽고 느낀 점부터 당신의 고민과 바라는 점을 남겨주세요. 정성스런 의견에 보답하고자 다음 시리즈 1부를 보내 드립니다. (1인 1회한)

(전성기닷컴 접속 > 메뉴에서 매거진 클릭 > 하단의 독자 엽서 클릭)

전성기닷컴 이벤트 참여하기 설문 이벤트 등이 진행됩니다. 이벤트에 참여하시면 추첨을 통해 1인 1부를 보내드립니다.

전성기 웰에이징 시리즈
걷다 보면 삶이 달라질까?
발행일 2021년 12월 10일

발행처 라이나전성기재단
서울시 종로구 삼봉로 48 시그나타워 16층 (02)6330-6813
www.junsungki.com

발행인 최종구
편집인 정태면
책임 편집 박미순, 주나경

디자인 시코(C Co.)
캘리그라피 손두형, 최인숙, 안덕균
교열 오미경
인쇄·제본 나우미디어
원색분해·제판 하이테크컴

ISBN 979-11-975145-7-9

이 책은 2014년 5월부터 2021년 4월까지 라이나전성기재단에서 발행한 월간 <전성기> 매거진의 기사를 재가공해 제작했습니다. 책에 실린 글, 사진, 그림 가운데 특별히 저작권자를 표기하지 않은 것은 라이나전성기재단에 저작권이 있습니다. Copyright©JUNSUNGKI FOUNDATION. All rights reserved

걷기는 결과보다 과정이 더 즐거운 길.

우리, 함께 걸을까요?

PS. 단순한 걷기에서 벗어나 걷기에 의미를 부여하는 이가 많아지면서 걷는 이유나 방법 또한 다양해졌습니다. 환경을 보호하고 기부를 실천하는 '착한 걷기'를 하고 있는 것이지요. 라이나전성기재단에서도 지난 9월부터 12월까지 100일 간 매일 걷는 사진을 인증하면 하루에 5000원이 적립되고 총 1억 원을 모아 영케어러(아픈 부모와 조보모를 부양하는 청년)에게 후원하는 '굿워크 캠페인'을 전개했습니다. 총 600여 명의 굿워커가 모여 열심히 걸은 결과 1억 원의 선한 발걸음을 보내오셨습니다. 이 자리를 빌려 감사의 말씀을 전합니다.